D1730424

Alex Funke

Älter werden
– aber wie?

Feierabend für Leib und Seele
Ein Erfahrungsbericht

Edition Miteinander

Luther-Verlag

Die Deutsche Bibliothek – CIP-Einheitsaufnahme

Funke, Alex:
Älter werden – aber wie? : Feierabend für Leib und Seele ;
ein Erfahrungsbericht / Alex Funke
Bielefeld : Luther-Verl., 2002

(Edition Miteinander)
ISBN 3-7858-0450-4

Umwelthinweis:
Dieses Buch wurde auf chlorfrei gebleichtem Papier gedruckt.

2. Auflage 2004
© Luther-Verlag, Bielefeld 2002

Umschlaggestaltung: Media-Team k + p
Titelbild: Mauritius - Die Bildagentur
Druck und Bindung: ROSCH-Buch, Scheßlitz
Printed in Germany

Inhalt

DOPPELT SO WEIT

ich bin neu auf der welt
und ich geh von mir weg / und ich geh zu mir hin
ich bin sechs monate

und ich geh von mir weg / und ich geh zu mir hin
ich bin ein jahr alt

und ich geh von mir weg / und ich geh zu mir hin
wie ich zwei jahre bin

und ich geh von mir weg / und ich geh zu mir hin
das ist mein vierter geburtstag

und ich geh von mir weg / und ich geh zu mir hin
als ein schulkind von acht jahren

und ich geh von mir weg / und ich geh zu mir hin
und erkenne mich mit sechzehn kaum wieder

und ich geh von mir weg / und ich geh zu mir hin
das zweiunddreißigste ist ein schöner geburtstag

und ich geh von mir weg / und ich geh zu mir hin
ich mit vierundsechzig

geh nicht mehr doppelt so weit[1]

(Ernst Jandl)

Danke für dieses Gedicht, Ernst Jandl! Es beschreibt den heimlich begleitenden, beim Auf und Ab im Alltag tragenden Rhythmus unseres Menschenlebens allerbestens. ICH bin da – mit meinen Begierden und Absichten, mit meinem Willen und meinen Wünschen, mit meinen Idealen, meinen Träumen vom glückenden Leben ... „und gehe von mir weg". Gehe in die Welt – heute sagt man: in die „Lebenswelt" –, geh in die Zeit mit ihrer wechselvollen Geschichte und werde dabei älter und schließlich alt; und während des ganzen langen Weges durchs Leben ereignet sich „und ich geh zu mir hin".

Eine Biographie nennt man es; einen Lebens-Lauf. Ich mit meinen 88 Jahren seit der Geburt bin einer von Unzähligen, der mit Matthias Claudius beten kann:

Ich danke Gott und freue mich
wie's Kind zur Weihnachtsgabe,
dass ich bin, bin
und dich, schön menschlich Antlitz habe.

Lässt sich beschreiben, wie er vonstatten geht – dieser Lebenslauf in einer turbulenten Zeitgeschichte?

Ich will versuchen, es dir, liebe Dorothee[2], zu erzählen.
Du bist unser erstgeborenes Kind. Bei deiner Geburt
1948 lasen wir Eltern, die von den Herrnhutern gelernt
haben, sich täglich einen Zuspruch sagen zu lassen: „Ein
jeder Mensch, der isst und trinkt und hat einen guten
Mut in aller seiner Arbeit, der ist eine Gabe Gottes."

Eben das sagte auch der Name aus, den wir für dich vorgesehen hatten: Dorothee = eine Gabe Gottes. Als Zehnjährige wurdest du Opfer einer damals unheilbaren Krankheit: Leukämie. Du musstest ein halbes Jahr lang hin und her pendeln zwischen Elternhaus und Krankenhaus. Bei jeder Heimfahrt strahltest du in heimwehkranker Vorfreude. Diese Vor-Freude wurde dir zur Metapher für das Sterben, als wir offen deine Fragen beantworteten; nur ging dieses Mal der (letzte) Weg in ein ganz andersartiges „Vaterhaus"; eines, in dem wir sein werden „wie die Träumenden". Ich kann dir nicht zu lesen geben, was ich schreibe aus der Zeit und über die Zeit, die du nicht mehr miterlebt hast. Trotzdem will ich dir erzählen, wie es zugeht, wenn wir älter werden und schließlich alt; und ich empfinde dabei: Wir vermissen dich. Indes – beim Erzählen werde ich mir vorstellen, du säßest neben mir.

Bielefeld, April 2002   *Alex Funke*

Ab heute bin ich Ruheständler

Der Kalender zeigt an: 31. Dezember 1979. Ich sitze zum letzten Mal am Schreibtisch des Anstaltsleiters der von Bodelschwinghschen Anstalten Bethel. Morgen wird mein Nachfolger im Amt diesen Platz besetzen. Fünfundsechzigjährige werden in den Ruhestand versetzt, so ist es heutzutage der Brauch, und das ist gut so.

Ist dies die letzte einschneidende Zäsur in meinem Lebenslauf? Das Kindesalter, die Jugendzeit, das Leistungsalter, die Zeit des führenden Tragens, das Greisenalter – war das der zurückgelegte Hindernislauf?

Ich erinnere mich: die Volksschule; das Gymnasium mit dem Abitur 1934; die viereinhalb Jahre Studium der Theologie; das Examen beim Bruderrat der Bekennenden Kirche, von dem man nicht wusste, ob es jemals anerkannt werden würde; der Zweite Weltkrieg im Afrika-Korps; die Kriegsgefangenschaft in den USA; die Heimkehr 1946 in ein Land voller Ruinen und elf Millionen heimatvertriebener Landsleute und – wer hätte es auch nur im Traum voraussehen können – Jahrzehnte in Frieden und Freiheit und bald auch Wohlstand. Da lockte die Lust am Leben, die Freude, frei denken und gern arbeiten zu können. Da reizte uns die Phantasie, auszumalen, was anders werden könnte, besser als zuvor, wie wir hofften. Kurzum – endlich

11

konnten wir nach Herzenslust planen und zugleich guter Zuversicht sein, dass es sich realisieren lasse. Damit ist jetzt Schluss. Morgen muss und kann ich mich Ruheständler nennen.

Ich sehe in den Schubladen und Fächern nach, ob da noch etwas Unerledigtes liegt. Dann ist nur noch Abschied zu nehmen von der Sekretärin, die vier Anstaltsleitern nacheinander täglich ihre Arbeit ermöglichte, und ihr Dank zu sagen. Gut, dass es das in unserem Menschenleben gibt: den Stab aus der Hand und einem andern in die Hand geben und sich selbst zurücknehmen.

Wie wird es jetzt weitergehen? Von nun an bin ich ein „Emeritus" – heißt das: Gewöhne dich ans Nichtstun?

Der Neujahrsmorgen 1980 lädt ein zu 365 taufrisch vor uns liegenden Tagen. Marianne hat den Frühstückstisch gedeckt. Ich werde sie überraschen und bin gespannt, wie sie reagieren wird. Die Kaffeekanne hat hergegeben, was sie zu bieten hat, da reiche ich ihr den Terminkalender Anno 1980 herüber. Sie schlägt auf, blättert, zögert … und dann ein lächelnder Blick: Stimmt das? Kaum Eintragungen? Nur wenige nicht im Voraus besetzte Termine? Viel, sehr viel freie Zeit zur eigenen Verfügung? Ist das wirklich und wahr? Nie werde ich ihr beglücktes Lächeln vergessen. Dann hecken wir gemeinsam aus: Was lässt sich tun mit frei zur eigenen Verfügung stehender Zeit?

Zeit nehmen für Wünsche

Rasch sind wir uns einig: Wir werden die Länder rund ums Mittelmeer besuchen und uns die Kultur- und Kirchengeschichte Europas vergegenwärtigen. Dazu nehmen wir uns Zeit. Der Start ins Leben als Pensionäre fängt gut an. Als viel versprechende Eröffnung lädt er uns ein: Lass die Zukunft zeigen, was sie zu bieten hat! Wenn sich im Rückblick doch so etwas wie ein Empfinden aufdrängt: Du gibst etwas auf, woran dein Wünschen und dein Wille gehangen hat – dann flüstert mir eine andere Stimme zu: Lass fahren dahin! Die Gesellschaft hat es sinnvoll geregelt: Einige Jahrzehnte sich abstrampeln, und das liebend gern, dann aber *Feierabend.* Mal sehen, wie sich Leib, Seele und Geist ermunternd „feiern" lassen.

Unsere Absicht ließ sich leichter verwirklichen als vermutet. Eine Schiffsreise im östlichen und eine im westlichen Mittelmeer waren der Einstieg, vermittelten einen Überblick, machten neugierig auf genaueres Kennenlernen. Griechische Inseln, Ägypten, Israel, Zypern, Kreta, Malta: an Land gehen in den Häfen; reisen mit Bussen in übersichtlichen Gruppen und unter Begleitung wissenschaftlich versierter Mentoren. Welch ein Erlebnis, als die Hieroglyphen an den Wänden des ägyptischen Tempels vorgelesen und übersetzt wurden! Im Frühjahr darauf Venedig, Sizilien, Algerien, Marokko, Spanien, Frankreich. Wieder überschaubare Gruppen,

Erläuterungen durch eine Frau oder einen Mann, die sich gerne vorübergehend aus ihrer Hochschultätigkeit abrufen ließen zu einem Lektorat bei einer Schiffsreise.

Schwierigkeiten bei der Einreise oder bei Besichtigungen hatte das Reiseunternehmen im Voraus bedacht und geregelt. Als z. B. die Ruinenstadt Hippo, in der Augustin 35 Jahre lang als Bischof lebte, von den Behörden nicht zur Besichtigung freigegeben wurde, hatte die Reiseleitung einen Platz hoch über den Ruinen im Tal entdeckt: Da lagen sie vor uns, die Restmauern der Basilika, des Baptisteriums und der Behausungen, in denen der belesene Philosoph und Theologe mit seiner Bruderschaft gewohnt hatte. Wir waren eingeladen zum Rückblick in die Zeit 400 n. Chr., als in Nordafrika abendländische Kultur vorherrschte und Gedanken gedacht und geschrieben wurden, die jahrhundertelang auszustrahlen vermochten. Mir kamen Augustins berühmt gewordene Sätze ins Gedächtnis:

„Was also ist die Zeit? Wenn jemand mich es fragt, so weiß ich es; will ich dem Fragenden es erklären, weiß ich es nicht … Wenn nichts wäre, gäbe es keine Gegenwart." Ich ahnte wohl nur von ferne, wie mich dieses Thema – „Was also ist die Zeit" – in den kommenden Jahren beschlagnahmen würde.

Feiern nach erfüllten Jahren

Der groben Übersicht aus zwei Schiffsreisen folgten in den Jahren darauf Besuche in den einzelnen Ländern; Begegnungen mit Land und Leuten, mit aufgeblühten und versunkenen Reichen und ihren Kulturen, ihren Kunstschätzen, ihrer Sprache. So eng auf Tuchfühlung miteinander, ohne die Unterbrechungen und Trennungen während der Berufszeit zuvor, so dicht im Austausch von Gedanken und Empfindungen wie bei unseren Reisen zwischen 1980 und 1987 hatten wir uns gegenseitig bislang in unserer Ehe nicht erlebt. Wir genossen es mit Leib und Seele. Dies war „Feiern" nach erfüllten Jahren, beschlagnahmt von unseren Berufen, bei Marianne als Ärztin und als Mutter. Wie gut, dass es das gibt! Freilich – es müssen nicht derart ausgedehnte Exkursionen sein wie damals bei uns. Jetzt, Jahre später, reicht es bei mir bestenfalls zu Ausflügen in die nähere Umgebung und das ist nicht nur ein Verlust. Auch hier findet Paul Gerhardts Ratschlag schönste Erfüllung:

> Schau an der schönen Gärten Zier
> und siehe wie sie *mir* und *dir*
> sich ausgeschmücket haben.
>
> (Evang. Gesangbuch 503)

15

Arbeits-los leben – wie geht das?

Als wir beiden nicht mehr ganz jungen Leute 1947 heirateten, war die Wohnungssuche ein schwieriges Unternehmen. Noch hatte man mehr Trümmer vor Augen als bewohnbare Häuser. Wir mussten in den kommenden Jahren mehrere Male umziehen in eine etwas geeignetere, etwas geräumigere Behausung. Als wir hörten, dass ein Beamtenheimstättenwerk gegründet wurde, bei dem man ein Sparkonto einrichten könne für ein Eigenheim in absehbarer Zukunft, war der Entschluss rasch gefasst: Da beteiligen wir uns. Jetzt, in den 1970er Jahren, wurde der Bausparvertrag einlösbar.

Bei Marianne wachte die Erinnerung auf: Sie hatte sich in die schöne Hansestadt Soest verliebt; in die Spaziergänge über den Wall, die Ausblicke auf die romanischen und gotischen, schiefen und geraden Kirchtürme, den grün schimmernden Anröchter Basalt in den alten Mauern. Wäre hier der passende Ort für ein Domizil im Ruhestand? Aber in Bethel hatten wir Freundschaften geschlossen, fühlten uns gut aufgehoben, waren unversehens verwurzelt. Kann es Unentbehrlicheres geben für alte Leute als Freunde? Als einer von ihnen signalisierte, dass ein Eigenheim gleich nebenan zum Verkauf stünde, war die Entscheidung vorgegeben: Das erwerben wir! Wir haben es zu keiner Zeit bereut. Das Haus mit seinen Zimmern, ohne Treppen, und mit seinem Garten rundum wurde buchstäblich zu einem Zuhause, die Heimat für den vor uns liegenden Auslauf unseres Lebens. Es hat sich bewährt, rechtzeitig vorzusorgen für den Wohnsitz im Alter. Wohl denen, die es so gut haben können, wie wir es hatten, wenn sie sich aus dem Arbeitsleben zurückziehen.

Pensionierungsschock?

Freilich – da ist noch ein anderer Stolperstein beim Übergang in den Ruhestand, der übersprungen werden will. Die Soziologen nennen ihn: Pensionierungsschock. Sie schildern kuriose Beispiele; wie den ehemaligen Beamten, der sich im Keller einen Büroraum einrichtet, den er täglich zur gewohnten Zeit aufsucht, um Akten zu tragen, zu lesen, einzuordnen. Das Rollenspiel, wie es der Beruf ihm abverlangte, hat seine Vitalität aufgeschluckt. Er ist nur noch halbwegs er selbst.

Inzwischen weiß ich: Es gibt viele, allzu viele, für die das Ausscheiden aus dem Berufsleben bedeutet: Du bist überflüssig geworden, verbraucht, unnütz. Der eine erträgt es tapfer oder mit Galgenhumor; andere leiden daran, ohne es ausdrücken zu können. Christen haben bei diesem Akt, in einen andersartigen Lebensrhythmus umsteigen zu müssen, einen deutlichen Vorteil: Sie sind Hörer der guten Nachricht, dass wir Menschen von Gott geschaffen, begabt, beauftragt sind und geliebt, befreit, gesegnet, und das über den Tod hinaus. Das sagt ihnen ein Erzählbuch: die Bibel. Es hat sich gut tausend Jahre Zeit genommen bis zu seinem Abschluss. In ihm erzählen Menschen, wie sie Gott kennen gelernt haben als einen „Vater im Himmel". Diese gute Nachricht verliert ihren Wert nicht; auch nicht bei einschneidenden Ereignissen in der Weltgeschichte oder im spannenden Lebenslauf einer Frau oder eines Mannes und auch nicht beim Übergang ins Pensionärs-Dasein. Unübertrefflich hat Dietrich Bonhoeffer es Silvester 1944 in seiner Gefängniszelle formuliert:

> Von guten Mächten wunderbar geborgen,
> erwarten wir getrost, was kommen mag.
> Gott ist mit uns am Abend und am Morgen
> und ganz gewiss an jedem neuen Tag.
>
> (Evang. Gesangbuch 652)

Ist das etwa nicht eine gute Nachricht für jemanden, der Belastungen zu bewältigen hat beim Übergang in den Ruhestand?

Meine Begabungen

Guter Rat ist angeblich teuer, hier jedoch ist er gratis zu haben: Frage dich jetzt noch einmal, ehe du dich dem falschen Eindruck beugst, man habe dir den Laufpass gegeben, nach deinen Begabungen. Einige Fähigkeiten hast du einbringen können am bisherigen Arbeitsplatz, und hoffentlich ist dir Anerkennung dafür zuteil geworden. Sind da nicht doch noch bislang unbeachtete Begabungen, die nicht zur Entfaltung kamen, weil niemand sie abfragte? Jetzt kannst du sie aus ihrem Dornröschenschlaf wachküssen.

Ich beobachte hocherfreut die Vielfalt von Aktivitäten alt gewordener Mitbürger beiderlei Geschlechts – bei den Frauen phantasievoller noch und vielfältiger als bei den Männern – vom Hobby bis zu ehrenamtlicher Tätigkeit. Das Zusammenleben in unserer Gesellschaft, in den Bürger- und in den Kirchengemeinden wird facettenreich, vielfältig, gehaltvoll, weil die Alten ausleben, was an Begabung und Lebenserfahrung in ihnen steckt. Wenn die Print- und die Bildmedien das deutlicher, reichhaltiger, differenzierter wahrzunehmen und darzustellen vermöchten, als es de facto geschieht, würden sie einem realistischen Abbild der heutigen Gesellschaft näher sein, als wir Leser oder Zuschauer es derzeit dargeboten bekommen.

Marianne und ich erlebten schon vor dem Neujahrstag 1980, wie eine Einladung auf uns zukam: Kommt, steigt ein in unser Boot! Ob zum Rudern oder zum Steuern, wird sich zeigen; eure Erfahrung ist gefragt. Die Einladung kam aus dem „Friedenshort". Wir lernten eine bewundernswerte Frau kennen und das von ihr eröffnete Arbeitsfeld.

Eva von Thiele-Winkler[3] (1866–1930) wächst als eines unter neun Kindern in der Familie eines reichen Unternehmers in Oberschlesien auf. Als Dreizehnjährige erlebt sie den Tod ihrer Mutter. „Nach dem Tod meiner Mutter habe ich eine tiefe Sehnsucht im Herzen gehabt nach irgendetwas, an dem ich mich festhalten konnte. Was ist das Leben? Was ist der Tod? Was ist die Zeit? Was ist die Ewigkeit?", schreibt sie. Ist es der plötzliche Abbruch einer Geborgenheit in der Liebe ihrer Mutter, der Eva einprägt: Für nichts sind wir Menschen empfänglicher und zugleich bedürftiger als für Liebe?

Sie verzichtet auf die Karriere einer im oberschlesischen Schloss aufwachsenden Tochter und wird Krankenpflege-Schülerin. „Wie eine Herz und Gedanken hinnehmende Leidenschaft erwachte in mir eine heiße Liebe zu den Armen und Elenden." Sie bringt ihr ererbtes Vermögen in eine Stiftung ein, ruft eine „Schwesternschaft" ins Leben, und organisiert ein rasch wachsendes diakonisches Werk, den „Friedenshort", und darin die „Heimat für Heimatlose GmbH". Verwaiste oder verwahrloste Kinder werden in „Familien" aufgenommen, versorgt und gefördert, bis sie ihr Leben eigenständig zu gestalten vermögen. Als sie 1930 stirbt, verehrt man sie über Deutschland hinaus als „Mutter Eva". 1945, nach dem Zusammenbruch des Dritten Reichs, findet ein Teil der Friedenshort-Schwesternschaft Unterschlupf im Zisterzienserkloster Heiligengrabe in der DDR, der andere Teil kann nach einigen Wanderjahren in Freudenberg ein neues Mutterhaus errichten. Die unterbrochene pädagogische Diakonie kann aus Trümmern wieder angefangen und ausgebaut werden.

Marianne, deren Vorfahren in Freudenberg wohnhaft waren, und der in Bethel beheimatete Theologe haben diesen Neubeginn nach „Krieg und Schrecken" (Paul Gerhardt) liebend gern eine Zeit lang begleitet. Da hatte so etwas wie ein „Pensionierungsschock" keine Chance.

Ich vermute, vergleichbare Chancen für angehende Ruheständler, ein neues, andersartiges Engagement als die bisherige Berufstätigkeit zu finden, gibt es tausendfach.

Alt werden ist ein Prozess

Du blickst
dich an
und fragst
wer bin ich

Du bist nicht
du wirst
älter
alt[4]

(Rose Ausländer)

Angeblich beträgt der Anteil der Alten an der Bevölke-
rung in unserem Land 22 %. „Die Alten" heißt es
oberflächlich dahergeredet, aber sie sind keine homoge-
ne Gruppe. Sie leben in, grob gesagt, drei profiliert
unterschiedlichen Perioden: Zunächst ist man zehn oder
zwölf, vielleicht auch fünfzehn Jahre nach dem Ausscheiden aus dem Berufsleben physisch gesund und geistig
vital. Es folgt – manchmal abrupt, zumeist in schrittwei-
sen Übergängen – eine Phase zunehmender gesundheit-
licher Beschwerden, die Einschränkungen erzwingen
und den Willen zur Eigengestaltung dämpfen. Schließlich die Monate oder auch Jahre, in denen er oder sie auf
zugreifende Hilfe angewiesen ist, bei manchen im Schoß
der Familie, viele jedoch sind auf Pflege angewiesen, die
von professionell geschulten Händen geleistet werden
muss.

Jede dieser Perioden hat ihr eigenes Gesicht. Jede stellt ihre speziellen Anforderungen an uns. Jede bietet eine Palette von Angeboten an, die jedoch eine gemeinsame Intention an uns alt gewordene Frauen und Männer weiterreicht: Du bist nach wie vor und du bleibst bis zuletzt ein eigenständiges Subjekt. Es ist weiterhin dein höchsteigenes Leben. Fühle, denke, tu, was immer du dir heute und jetzt zutraust. Konfuzius, der Weise in China, soll von sich gesagt haben: „Als ich siebzig war, konnte ich meines Herzens Regungen folgen." Das ist spät, aber nicht zu spät.

Entdeckungsfahrt zu dir selbst

Für die meisten sind durch die Rente oder Pension die pekuniären Verhältnisse erträglich geregelt. Ansonsten ...: Das frühmorgendliche Weckerläuten ist überflüssig geworden. Die Stechuhr, die mich am Arbeitsplatz erwartete, kann mir gestohlen bleiben; Kollegen, die mich anregen oder aufregen, sind außer Sicht. Der Alltag hat sich gründlich verändert. Was jetzt? „Vater ist todunglücklich", berichtet der Sohn eines Pensionärs, „wie ein Kind, dem man sein Spielzeug weggenommen hat." Nein, so muss es, so darf es nicht laufen. Gib dem „Spielzeug" – sprich dem Rollenspiel, das der Beruf dir abverlangte – den Laufpass. Jetzt beginnt eine Entdeckungsfahrt zu dem Allernächsten: zu dir selbst.

Jetzt bist du auf dich selbst zurückdatiert; kannst konzentriert fragen: Was fange ich mit mir selbst an?

Die Frage ist uralt. Die Vordenker der abendländischen Geistesgeschichte haben sie über den Eingang zum Tempelbezirk von Delphi – wohin man ging, um zu fragen: Was wird mit mir in nächster Zeit? – geschrieben: *„Erkenne dich selbst."* Meinten sie: Wer das nicht fragt, wer darauf keine Antwort weiß, ist arm dran? Dann wäre es eine Sternstunde in unserem Leben, wenn sich uns diese Frage jetzt im Ruhestand unausweichlich stellt; so wie es Dietrich Bonhoeffer in der Einsamkeit seiner Gefängniszelle erging:

> Wer bin ich? Sie sagen mir oft,
> ich träte aus meiner Zelle,
> gelassen und heiter und fest
> wie ein Gutsherr aus seinem Schloss.
>
> Wer bin ich? Sie sagen mir oft,
> ich spräche mit meinen Bewachern
> frei und freundlich und klar,
> als hätte ich zu gebieten.
>
> Wer bin ich? Sie sagen mir auch,
> ich trüge die Tage des Unglücks
> gleichmütig, lächelnd und stolz,
> wie einer, der Siegen gewohnt ist.

Bin ich das wirklich,
was andere von mir sagen?
Oder bin ich nur das,
was ich selbst von mir weiß?
…
Wer ich auch bin,
du kennst mich,
dein bin ich, o Gott.[5]

Die Vergangenheit lässt uns nicht los

Wir, die 1934 gemeinsam die Abiturprüfung absolvierten, treffen uns alljährlich zu einem Klassentreffen. Viele sind aus dem Krieg nicht heimgekehrt, einige sind in den Jahren seitdem verstorben, vier Ehemalige leben noch und die Witwen. Ein gastliches Hotel in einer reizvollen Gegend ist als Treffpunkt ausgesucht. Kaum sind wir beisammen, beginnt das Erzählen: Weißt du noch ...? Wie eine Sturzflut drängen die Erinnerungen sich auf. Bei uns Alten schrumpft die Zukunft, die uns bislang wie ein Füllhorn voller Möglichkeiten, Chancen und Optionen vorkam, zu einem Aufenthalt im Wartesaal auf das unausweichliche Ende. Die Vergangenheit indes hat es in sich. Sie ist alles andere als Schnee von gestern. Sie meldet sich unüberhörbar zu Wort und das ist gut so. Es ist ja doch unser Menschenleben im Strom der Zeitgeschichte, das die Erinnerungen dem Vergessen entreißen wollen. „Man ist nur einmal in der Welt ..., man kleinmeistert und lacht sich nicht durch die Welt", das ist es, was sie Matthias Claudius ins Ohr geflüstert haben.

Erinnerungen haben ein schillerndes Gesicht. Sie können leise, behutsam, wie mit zarter Hand mich streicheln; sie können aber auch quälen. Heute beglücken und erfreuen sie mich; dann wieder versetzen sie mich in staunendes Verwundern: „So war das damals? Seltsam, dass mir das jetzt erst klar wird!" Sie können mich an Versagen erinnern und anregen, mich bei jemandem zu entschuldigen. Vielleicht stürzen sie mich auch in Traurigkeit, wenn sie mich das Bild eines geliebten verstorbenen Menschen sehen lassen, oder sie versetzen mich in Angst, wenn sie mir erschreckend erlebte Szenen noch einmal vorgaukeln.

Vielleicht wird mir der schwierigste Umgang mit Erinnerungen zugemutet, wenn sie nostalgische Wehmut wecken. „Sie sagen, die Zeit mache einen Menschen reif. Das glaube ich nicht. Die Zeit macht einen Menschen furchtsam", hat kein Geringerer als der weltweit bewunderte Bertrand Russell bekannt. Und in dem Buch „Die neuen Alten" (1985) schreibt eine Frau: „Ich fühle mich betrogen um das Leben … Wenn ich nochmals beginnen könnte, würde ich alles anders machen.⁶"

So zu Boden drückend muss unser Erinnern sich nicht auswirken und tut es zumeist auch nicht. Einer von uns Alten, Robert Jungk, hat seine Schlussfolgerung aus dem Rückblick auf Jahrzehnte so in Worte gefasst: „Wenn ich heute mit über siebzig Jahren, also schon nahe an der unvermeidlichen Grenze, hinter der vielleicht das Nichts, vielleicht das Unbegreifliche liegt, den neuen Beruf des Ermutigers gewählt habe, so deshalb, weil ich meine, dass die Resignierenden und Verzweifelnden zu schnell aufgegeben haben." Sich-Erinnern verlangt demnach von uns: Standhalten. Dann könnten andere, etwa unsere Enkel, von uns sagen, was Theodor Fontane seinem

Vater nachrühmte: „Wie er ganz zuletzt war, so war er eigentlich."

Die Zeit – vorgeprägt und doch frei

Freilich, das Erinnern konfrontiert uns noch mit einem anderen Aspekt: mit dem auffallenden Sphinx-Gesicht der dahineilenden Zeit.

Viele kennen die Zeit nur als chronologischen Ablauf: Stunden, Tage, Jahre, Jahrtausende ... Sie ist indes viel, viel mehr. Wer sich erinnert, taucht ein in die Zeitform Vergangenheit. Heißt das: „Es war einmal ...?" Nein, ganz und gar nicht! Jede Vergangenheit hat ihre spezielle Weise von Gegenwart. Sie präsentiert uns *Fakten,* die Grundlage unserer Existenz geworden sind. Was gestern war, ist heute Boden unter unseren Füßen; vielleicht als Guthaben, aus dem sich etwas machen lässt, vielleicht auch als Schuldenberg, der uns das Leben schwer macht. Wir, die gegenwärtig Lebenden, sind tagtäglich abhängig vom Angebot an Aktiva und/oder Passiva, die gestern produziert wurden. Gleichzeitig beschlagnahmt uns die Zeit bei ihrem Ablauf von der Vergangenheit bis in die Zukunft vom Kopf bis zu den Händen, vom Nachdenken bis zum Handeln, indem sie uns Chancen erkennen lässt, Mut macht, zu Aufbrüchen lockt. Die Zeit steht nie still. Ständig streift sie sich ihre gestrige Gestalt als Vergangenheit ab, eilt auf zukünftige Tage und Jahre zu und drängt uns jetzt als Gegenwart zum Handeln, zum Aufbruch, zum Gestalten. Die Zeit ist so etwas wie eine unsichtbare Herrin unseres Lebenslaufs, ein Urquell, aus dem neues Leben ständig frisch und zugleich vorgeprägt quillt.

Gott oder Nichts

Manche nennen es *Schicksal*. Neuerdings genügt vielen das Wort *Nichts*. Am Anfang sei der Urknall aus dem Nichts gewesen; seitdem entfalte sich der Kosmos und in ihm unser Planet Erde und auf ihm nicht nur Pflanzen und Tiere, sondern wir vernunftbegabte Menschen: Homo sapiens. Die Frage stellt sich unausweichlich: Wer oder was veranlasst diesen bewundernswerten Anfang? In der Sprache unserer heutigen zeitgenössischen Wissenschaft formuliert man: „Die Welt ... wird beziehungsfähiger, wenn man ihr etwas anderes gegenüberstellt – sei es denn einen Gott, sei es ein Nichts" (N. Luhmann).[7]

Das heißt doch: Hier muss unser Denken eine Entscheidung fällen – einen „Gott" oder ein „Nichts" –, auf die ich mich im Leben und im Tod verlassen kann. Mir drängt sich dabei auf, wie ich täglich neu mein Leben in Empfang nehme: als einen Impetus, der aus der Vergangenheit für die Zukunft jetzt, hier und heute vitales Leben zuteilt – „emergieren" sagen die Biologen –, Leben, das mich in den Lauf der Weltgeschichte eingliedert und uns in ihr weiten Raum aufschließt und einlädt: Kommt, macht mit! Wem das nicht Anlass ist zum Staunen, der muss hartherzig sein. Die Vokabel „Nichts" ist mir zu blass, um meinem staunenden Verwundern Ausdruck zu geben. Ich sage lieber: „Meine Zeit ist in Gottes Händen." Ich bin tagtäglich Empfänger seiner Zuwendung in Gestalt von Zeit als Gegenwart, die auf Zukunft ausgerichtet ist und zugleich mir eine gefüllte Vergangenheit unter die Füße stellt, um darauf aufzubauen.

Wir leben inmitten von Gegensätzen

Der Vater schreibt einen Gruß an seinen Sohn zu dessen fünfzigstem Geburtstag und denkt: 365 taufrisch neue Tage liegen vor ihm! 365-mal geht ihm bis zum nächsten Geburtstag die Sonne auf und geht wieder unter. Ein Rhythmus umfängt ihn: Tag und Nacht; wachen und schlafen; arbeiten und ruhen – und dirigiert seinen Lebenslauf.

Wir haben uns das nicht ausgesucht, es wird uns übergestülpt, besser gesagt zugemutet. Wir haben den Lebensrhythmus mit seinen gegensätzlichen Polen hinzunehmen, und das ist gut so. Er bettet uns ein in Kontinuität, in eine richtungweisende Struktur, auf die Verlass ist. Ich muss nicht jeden Tag neu mein Leben erfinden, sondern finde Fakten vor, die mich einladen: Wir sind längst vor dir da, und wir sind für dich da. Wir meinen es gut mit dir. Wir sorgen für Weg und Steg auf deinem Gang ins Leben. „Wir" – das ist ein dickes Bündel von Gegensatzpaaren: Sommer und Winter, fröhlich und traurig, fleißig und müde, gesund und krank, Werktag und Sonntag, Sonnenschein und Regen … Sie sind sehr, sehr zahlreich, die Polaritäten, die unserem Menschenleben Antrieb geben oder auch sich als Boden unter unseren Füßen bewähren „durch so viel Angst und Plagen, durch Zittern und durch Zagen" (Paul Gerhardt). Wer zuhört, wenn eine siebzig- oder

achtzigjährige Frau oder ein Mann aus ihrem durchge-
standenen Leben erzählen, der wird durch einen solchen
Wald von Polaritäten geführt. Erzählen wir Alten? Es tut
uns selber gut, weil es uns die Fülle, die Spannung, die
Qualität unseres erlebten Lebens bewusst macht. Es
könnte sein, dass wir dabei an zwei Stellen zum Ein-
halten und Nachdenken veranlasst werden.

Zuerst dann, wenn wir entdecken: Du bist rundum
abhängig und *zugleich* kannst und sollst du *frei* denken,
entscheiden und handeln. Von jedem Atemzug bist du
abhängig, denn er versorgt deine Lunge mit lebensnot-
wendigem Sauerstoff. Jeder Pulsschlag sagt dir: Dein
Herz schlägt, dein Blutkreislauf funktioniert – Gott sei
Dank. Ach, es sind unzählige Abhängigkeiten bis hin zur
phantasievollen Schilderung eines Schriftstellers: „Wenn
beispielsweise die Schwerkraft als mechanisches Grund-
prinzip des Universums entfiele, was ergäbe sich daraus?
Unser Sonnensystem flöge auseinander" (E. L. Doctorow[8]).

Das freilich ist nichts anderes als der eine Pol; der andere
Pol ist: Du bist frei zu denken, was dir einfällt; zu
entscheiden, wofür und was du willst; zu tun, was dir
gefällt; schon „die Gedanken sind frei". Der Schöpfer
allen Lebens mutet uns erstaunlich viel zu mit dieser
großartigen Begabung. Zugleich lockt er uns: Nutzt bitte
die euch anvertraute Freiheit! Er stellt uns permanent die
Zukunft vor Augen als einen Großmarkt der Möglichkeiten: Greift gefälligst zu! Er befähigt uns, in die unbe-

kannt vor uns liegenden Tage und Jahre hinein unseren Lebens-Lauf selber zu entwerfen wie eine höchsteigene Angelegenheit. Jürgen Habermas nennt diese uns Menschen auf den Lebensweg mitgegebene Mitgift „die Differenz zwischen dem, was *wir* sind und dem, was *mit uns* geschieht".

Jetzt, im Alter, sehen wir zurück. Was ist gelungen, was ist misslungen bei meinem Lebenslauf anhand der beiden Gegensatz-Paare Abhängigkeit und Freiheit?

Gut oder böse

Dabei werde ich an die Macht einer anderen Polarität erinnert, die sich zumeist versteckt hält und erst spät ihr wahres Gesicht zeigt: das Gute und das Böse. Sie ziehen uns an und verlangen Gefolgschaft; nicht nur das Gute, sondern auch das Böse. „Immer wieder kreist mein Denken um die grässlichen Terrorakte in Amerika (11. September 2001). Die Trauer ist so groß", schreibt eine neunzigjährige Schweizerin. Trotzdem: „Immer noch glaube ich daran, dass das Böse durch das Gute überwunden werden kann."

Beide sind mächtig. Das zeigt sich an ihrer Auswirkung. Gelingendes Zusammenleben von Mann und Frau, Kindern und Eltern, gegensätzlichen Interessengruppen und auch von Völkern und Kulturen wirkt das Gute weltweit und quer durch die Jahrhunderte. Eines der gehaltvollsten Worte aller Muttersprachen nennt es: „Schalom" = „Friede". Dass sich das Gute durchsetzt, darauf sind wir ebenso dringlich angewiesen wie auf das Licht der Sonne oder auf frische, reine Luft zum Atmen; gerade auch wir schwächer werdenden Alten.

Das Böse ist nicht minder mächtig und agil. Die Geschichtsbücher aller Völker erzählen es in tausenden Variationen. Das Böse beeindruckt uns so intensiv, dass wir es personifiziert haben: *Teufel* nennen wir ihn. Goethe gibt ihm den Namen *Mephistopheles* und lässt ihn angeberisch prahlen: „Ich bin der Geist, der stets verneint, und das mit Recht, denn alles, was entsteht, ist wert, dass es zugrunde geht." Wie schrecklich wahr das im Ablauf der Zeitgeschichte, die ein Mensch durchlebt, vonstatten gehen kann, das haben wir Alten faustdick erlebt; es genügt, das Wort *Holocaust* zu zitieren. Wo immer das Böse bagatellisiert wird, ist Gefahr im Verzug.

Wir Menschen sind fähig, Gutes zu tun; jedoch wir sind zugleich geneigt, dem Bösen Zutritt zu gewähren zu unserem Begehren und Tun. Unsere Sinne – Augen und Ohren – setzen uns instand, Gutes und Böses wahrzunehmen und zu unterscheiden. Unser Verstand lehrt uns, die Auswirkungen abzuschätzen, die böses oder gutes Tun im Gefolge haben. Unsere Freiheit erlaubt uns zu wählen: Gutes oder Böses. Wir sind tagtäglich aktiv beteiligt, wenn und wo das Gute oder das Böse unser Zusammenleben prägt. Niemand weiß das besser als

Frauen und Männer, die ein langes Leben bewusst, aufmerksam, kritisch durchlebt haben und sich nicht scheuen, der Realität offen ins Auge zu sehen.

Vergib uns unsere Schuld

Einige – ich zähle mich zu ihnen – sehen sich dann dazu gedrängt zu sprechen: „Vergib uns unsere Schuld, wie wir vergeben unseren Schuldigern." Diese Bitte öffnet eine Tür zwischen mir und meinen Mitmenschen, sogar zwischen Völkern: Vergebung nimmt den Folgen des Bösen das Recht ab auf dauernde Wirkung und Geltung und lädt zugleich ein: Mach die Augen auf, dass sie sehen, wo und wie sich Gutes tun lässt. Das zu vermitteln ist eine der Qualitäten des Gottesdienstes. Viele alt gewordene Menschen haben es begriffen und freuen sich darüber.

Krankheit – der unerbittliche Begleiter

Wenige Wochen vor Mariannes 77. Geburtstag fanden wir uns nach den üblichen Untersuchungen in der neurologischen Klinik zum Abschlussgespräch beim Chefarzt ein. Sein Fazit: Morbus Alzheimer. Jetzt war also auch sie ein Opfer jenes unheimlichen Feindes aller Lebenden geworden, den unsere Sprache *Krankheit* nennt.

Wir haben es offensichtlich nicht nur mit Lebewesen zu tun, die man sehen und anfassen kann, sondern mit unsichtbaren Mächten, die es auf uns abgesehen haben. Krankheiten sind eine von ihnen. Sie schleichen sich versteckt an. Sie wollen so lange wie möglich unerkannt bleiben, denn getarnt werden sie unterwegs immerzu mächtiger. Sind sie erkannt, haben sie einen Namen, dann büßen sie ihre Macht ein; dann vermögen wir sie zu bändigen.

Die Menschheit hat bewundernswerte Fortschritte erzielt beim Abwehrkampf gegen die Krankheiten, vor allem gegen ihre Übermacht als Seuche. Einer der Folgen davon haben wir einen schöngefärbten Namen gegeben: gestiegene Lebenserwartung. Die Statistiker registrieren: Männer werden heutzutage im Durchschnitt 72 Jahre alt, Frauen 82 Jahre. Der hundertste Geburtstag ist nicht länger eine seltene Rarität.

Kräfte des Körpers

Jedoch: Die Krankheiten haben mittlerweile gelernt, dass es für sie nicht nur Niederlagen, sondern auch Geländegewinne gibt. Sie erinnern sich ihrer Vorliebe für *älter werdende* Frauen und Männer. Die sind, je älter sie werden, anfällig für Krankheiten; nicht alle gleichermaßen, aber eben doch im Durchschnitt. Man hat es gemessen und festgestellt: Im Laufe von Jahren setzt sich ein Kräfteabbau in unseren Körpern durch[9]:

Vegetative Körperfunktionen

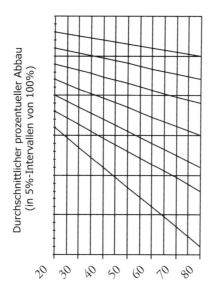

Leistungsgeschwindigkeit der Nervenfasern
Stoffwechsel-Grundumsatz

Männliche Griffstärke

Herzleistung

Vitalkapazität

Einfache Reaktionszeit auf Licht oder Geräusche

Häufigkeit des Geschlechtsverkehrs bei Männern

Wenn sich die typischen Alterserkrankungen, denen wir mit dem Sammelbegriff *Demenz* einen Namen gegeben haben, einstellen, sind wir doppelt zum Widerstand herausgefordert: Jeder Einzelne von uns muss der oder den Krankheiten, die ihm zusetzen, höchstpersönlich Paroli bieten; und gleichzeitig muss die Gesellschaft, der wir angehören, Beistand leisten.

Unser Mitspracherecht

Für die Medien ist es ein beinahe alltägliches Thema geworden auszumalen, wie komplex, voller schier unlösbarer Interessenkämpfe zwischen Krankenkassen, Pflegeversicherungen, Pharmaindustrie, Verbänden der Ärzte, der Zahnärzte, der Apotheker, der Krankenhäuser sich in unseren Tagen das so genannte Gesundheitswesen präsentiert. Das irritiert uns alt gewordene Bürger. Wir sind auf vielfältigen Beistand angewiesen. Ohne politisch durchgesetzte zuverlässige Regelungen und ohne die vielen Frauen und Männer, die in den Pflegeberufen tätig sind, wären wir arm dran.

Es hat den Anschein, als ob in unseren Tagen zwei unterschiedliche Initiativen im Gesundheitswesen konkurrieren: eine karitative oder auch diakonisch barmherzige Zuwendung zu den Kranken, Hilfebedürftigen, Behinderten neben kommerziellem Streben nach finanziellem Gewinn. Sind wir Alten verurteilt, dem ohnmächtig zuzuschauen? Nein, wir leben in einer freiheitlichen Bürgergesellschaft, in der man seine Meinung zu Gehör bringen kann, und in einer Demokratie, in der wir vor und nach den Wahlen die Parteien fragen können: Was habt ihr in Zukunft vor? Was habt ihr gestern zustande gebracht? Wir haben Mitspracherecht für unsere Belange, also auch für unsere Bedürfnisse in Krankheitstagen. Das ist gut so.

Krankheit – Feind und Freund

Die zweite Herausforderung peilt jeden von uns direkt an. Die Krankheiten suchen zwar möglichst viele Opfer, aber sie toben sich allemal aus, wenn und wo sie einen einzelnen Mann oder eine einzelne Frau zu fassen bekommen. Sie oder er sind dann zur Gegenwehr herausgefordert, und das kann sich hinziehen, geduldiges Ertragen zumuten, Hilflosigkeit und Bettlägerigkeit zur Folge haben, Schmerzen verursachen, Operationen erzwingen. In all dem meldet sich an, was ein afrikanisches Sprichwort so in Worte fasst: „Jede Krankheit ist ein Splitter vom Tod."

Wie denn erlebe ich selber diesen Zustand?

Wir in unserem Wohnbezirk genießen das Glück, einen herausragend tüchtigen Hausarzt ganz nahe zu haben. Das Wartezimmer ist selten ohne Hilfe suchende Patienten. Rezepte für einmal verordnete Medikamente können wir telefonisch abrufen. Ein Vertrauensverhältnis hat sich eingestellt, weil wir effektive Hilfe erlebt haben und weiterhin erwarten. Wir erleben, wie viel ein einzelner Mann mit seinen Fachkenntnissen, seiner Erfahrung und freilich auch seinen Gehilfinnen auszurichten vermag. Das wird doch wohl kein exzeptionelles Ausnahme-Beispiel, sondern auch andernorts zu finden sein!?

Sorge und Vorsorge

Einmal in mittlerweile zwanzig Jahren im Ruhestand wurde bei mir ein Krankenhaus-Aufenthalt unausweichlich: Prostata-Krebs. Seitdem kontrolliert der Facharzt alle drei Monate, wie sich danach leben lässt, und das zwingt mich zum Einkauf in der Apotheke: 761,50 • kostet das eine, 654,70 • das andere Medikament. „Die Ausgaben für Arzneimittel sind allein in den ersten sechs Monaten des Jahres 2001 um 11 % gestiegen", vermelden die Tageszeitungen. Gut, dass es die Krankenkasse gibt: Krankheiten gehen rücksichtslos mit unserem Geldbeutel um. Da lohnt es sich, ihrem Zugriff zuvorzukommen. Schon der tägliche Spaziergang kommt meiner Gesundheit zugute und – bei mir persönlich – jeder Besuch im Schwimmbad. Bei meinen Freunden und Bekannten höre und sehe ich: Es gibt eine stattliche Palette von Möglichkeiten, seiner Gesundheit Auftrieb

zu geben, und das ohne Strapazen; man kann seinen
Spaß dabei haben.

Jedoch: Krankheiten können auch unerbittlich hart
zugreifen und uns in Hilflosigkeit stürzen. Laut Statistik
waren 1999 in der Bundesrepublik mehr als zwei Millionen Frauen und Männer pflegebedürftig. Sie können
uns die bittere Frage aufdrängen: Halten wir die Pflege
daheim durch, oder müssen wir uns zum Daueraufent-
halt im Pflegeheim entschließen?

Hier gibt es nicht eine ein für alle Mal gültige Antwort, sondern nur individuelle Lösungen, die von vielen unterschiedlichen Umständen abhängen. Glücklicherweise ist niemand in unserem Land in dieser Lage
allein gelassen. Es gibt Wohnheime, die eine stufen-
weise Betreuung bis hin zur Pflegestation anbieten; aber
auch Tageskliniken, Diakoniestationen, Selbsthilfegruppen ... bis hin zum Hospiz für Sterbenskranke. In der
Zeitung lese ich zehn Anzeigen kommerzieller Pflege-
dienste, die anbieten: „Mobil – fürsorglich – bei Ihnen
zu Hause".

Die Soziologen machen uns zudem auf einen häufig
übersehenen Tatbestand aufmerksam: In unserer Gesellschaft mit ihren vielen Singles (1999: 27,1 % der Bevöl-
kerung in Deutschland) und Kleinfamilien (Paare ohne
Kinder 1999 in Deutschland: 33,1 %) gibt es immer
noch die „Großfamilie auf Distanz": Großeltern, Eltern,
erwachsene Kinder wohnen jeder für sich, aber man hält

Kontakt und steht einander bei. Es wird bei der Pflege demenzkranker Mitmenschen viel opferbereite Hingabe, nicht selten bis an die Grenze der physischen und seelischen Kräfte geleistet, und das stillschweigend, ohne öffentliche Anerkennung.

Wer die Krankheit ausschließlich als Feind, den es abzuwehren gilt, empfindet, hat sie noch nicht zur Genüge kennen gelernt. Sie kann auch Gutes hervorbringen, dann nämlich, wenn wir uns Zeit nehmen, über ihren Zugriff nachzudenken. Dann könnte uns eine höchst wertvolle Einsicht aufgehen: dass unser Leben von der Geburt bis zum Tod anvertraute Gabe ist. Wir haben uns nicht selbst das Leben gegeben, wir bekommen es auf Zeit zugeteilt und eines Tages abgenommen. Wer das als eine gute, erfreuliche, aufrichtende Mitteilung verstehen kann, dem ist zu gratulieren. „Der Mensch ist gottlob so gebaut", schreibt Matthias Claudius, „dass er mit anderthalb Zoll recht glücklich sein kann; und wenn das die Leute nur recht wüssten, so würd'n Großteil Ach und Weh weniger in der Welt sein."[10] Krankheiten haben einen Cantus firmus bei sich, den hörbereite Ohren heraushören. Er lautet:

> Es gibt was Bessres in der Welt
> als all ihr Schmerz und Lust.
> Ich werf' mich auf mein Lager hin
> und liege lange wach. (...)
> Und suche es in meinem Sinn
> und sehne mich danach.

Dann hat die Krankheit trotz Schmerzen und Leiden einen Zugang geöffnet in ein lebenswertes Leben. Sie ist unversehens zu einer Wohltäterin geworden.

Alleinsein ist zum Ausatmen gut

Im Zimmer voll nichts und voll niemand
sitzt sie beim Fenster Stunde um Stunde
…
Ausgeschlossen vom Draußen
tritt die ergraute Frau
zurück ins Zimmer
voll nichts und voll niemand
…
Grau wie die Wand
ist ihre Angst[11]

So schildert Rose Ausländer, die ihren Lebensabend in
einem Altenwohnheim zubrachte, den Ansturm der
Einsamkeit auf „die ergraute Frau". Krankheit ist
offensichtlich nicht die einzige Macht, die man nicht
mit seinen Händen anfassen kann, die uns jedoch
handfest zu Leibe rückt und unsere Gegenwehr heraus-
fordert. Zu ihr gesellt sich die Einsamkeit. Auch sie lässt
sich nicht sehen oder greifen. Sie meldet ihr Kommen
nicht an. Sie schleicht sich heimlich an, aber sie möchte
sich langfristig einnisten. „Ergraute" Frauen und Männer üben auf sie eine starke Anziehungskraft aus. Niemand ist gegen sie gefeit. Sie findet Hintertüren, wenn
sie es mit uns zu tun haben will. Sie bevorzugt freilich
den Frontalangriff auf unser Gemüt und kennt sich aus
auf dem Gefilde, das die Fachleute unsere Psyche

nennen. Siegmund Freud und seine Schüler haben uns darüber ausführlich belehrt.

Zuvor indes: Die Einsamkeit hat eine Schwester, die ihr ähnlich sieht, die aber anders auf uns zukommt und auch sich anders auswirkt. Sie stellt sich schon in unserer Kindheit ein und wünscht sich, uns lebenslang begleiten zu können. Sie meint es gut mit uns. Ihr Name ist: *Für-Sich-Allein-Sein*. Wenn Stress im Beruf, Konflikte mit nahe stehenden Menschen, Kummer über eigenes Versagen, vielleicht auch ein Übermaß an Geselligkeit uns überstrapaziert haben, dann kann Allein-Sein uns zugute kommen wie eine erfrischende Kur. Wie zum Einatmen das Ausatmen gehört, so gehört zur 35-Stunden-Woche der Feierabend und zur Arbeitswoche der Sonntag. Sie bieten sich an zur physischen, geistigen und seelischen Regeneration.

Eines ihrer Angebote ist: Jetzt hast du Zeit zur Besinnung! Wer sie nutzt, könnte so etwas wie einen lebenslang wirksamen Gesundheitsbrunnen entdecken. Der Philosoph C. G. Jung, der sich auf diesem Themenfeld auskannte, hat bekannt: „Einsamkeit ist für mich eine Heilquelle, die mir das Leben lebenswert macht."[12] Er hat damit eine uralte Erfahrung ausgesprochen, die von den Mystikern in allen Religionen empfohlen wird. Sie nennen es: „Ausatmen der Seele". Diese liebenswerte Weise von Einsamkeit möchte ich bis an mein Lebensende nicht missen. Die Dichter bestätigen meinen Wunsch und beschreiben ihn:

Lieben wird dich die Einsamkeit
wird dich umarmen[13]

(Rose Ausländer)

Wer möchte nicht gern geliebt sein und umarmt werden?

Einsamkeit kann quälen

Indes: Das „Ausatmen der Seele", das wir entdecken können, wenn wir das geschäftige, laute, beanspruchende Leben eine Zeit lang verlassen und ein geruhsames Allein-Sein aufsuchen, hat – wie gesagt – eine Schwester. Die Verwandtschaft ist deutlich erkennbar, und doch ist die Art und Weise von Einsamkeit, von der jetzt zu reden sein wird, anders, qualitativ anders als das „Ausatmen der Seele" in stillen, besinnlichen Stunden.

Ein weltbekanntes Beispiel, oft zitiert, deckt es auf: Der griechische Dichter Pindar (518–446 v. Chr.) lässt seinen Gedanken freien Lauf, und schon drängen sie ihm eine bittere Einsicht auf:

Eintagswesen!
Was ist einer?
Was ist einer nicht?
Eines Schattens Traum ist der Mensch.

Da hat die einflüsternde Stimme einsamer Besinnung das Denken und Gemüt eines Menschen erreicht, der sich in unserer Lebenswelt auskennt; und dieser Dichter-Philosoph weicht nicht aus, sondern hält stand. Er will die Realität sehen, wie sie tatsächlich ist.

Solche Stunden, in denen bedrückende, aber realistische Gedanken uns überfallen, kennen wir Leute im Greisen-alter. Wir haben Zeit zum Grübeln. Dann stellen sich bohrende Gedanken ein, und sie sind zäh. Sie lassen sich nur schwer abschütteln. Wenn in Stunden der Einsam-keit grübelndes Nachdenken sich bei uns einschleicht, drängt sich uns Verzagtheit auf und will uns entmutigen. Grübeln geht auf leisen Sohlen vonstatten und zeigt erst später seine Krallen. Der Überfall bohrender Gedanken, den wir *Grübeln* nennen, sucht und findet verschieden-artige Zugänge in unser Gemüt. Einen von ihnen hat Theodor Fontane beschrieben:

> Immer enger, leise, leise
> ziehen sich die Lebenskreise,
> schwindet hin, was prahlt und prunkt,
> schwindet Hoffen, Hassen, Lieben,
> und ist nichts in Sicht geblieben
> als der letzte dunkle Punkt.

Geistiger Hausputz

Was mir gestern schön, begehrenswert, ideal vorkam, verblasst. Was mir imponierte, verliert seinen Glanz. Halte ich stand, lasse ich mich von dieser Art von Einsamkeit „umarmen", kann mir aufgehen, was man in früheren Zeiten *das Wesentliche* nannte. Ein Choral formuliert schlicht: „dass uns werde klein das Kleine, und das Große groß erscheine." Unser heutiger Sprachgebrauch bevorzugt die Vokabel *das Elementare*. Wir werden also zu einem Prozess des Umdenkens gedrängt: Frage dich, ob die Maßstäbe, nach denen du dich bisher gerichtet hast, end-gültig sind? Vieles, was dir bislang wichtig und wertvoll erschien, verliert in alternden Augen seinen Glanz. Es erscheint dir jetzt, wenn dein Aktionsradius enger wird, weniger wertvoll, vielleicht gar überflüssig. Wiederum anderes erscheint uns jetzt erst recht begehrenswert oder unentbehrlich. Es ist ein geistiger Hausputz, hoffentlich gelingt er. Einiges, was in früheren Jahren „prahlte und prunkte", kann jetzt als Ballast abgelegt werden. Wir tun gut daran, uns auf der letzten Wegstrecke damit nicht zu belasten.

Man hat jahrtausendelang den Alten etwas nachgerühmt: *Weisheit*. Ist die Geburt dieses Wortes in den Sprachspielen vieler Völker und Kulturen der Beobachtung zu verdanken: Die Alten haben geistig aus- und aufgeräumt? Sie haben durchschaut, was „prahlt und prunkt", und sie haben das Elementare, das Wesentliche zu Gesicht bekommen? Weisheit ist etwas anderes als das Fakten-Wissen, das im Lexikon nachzulesen ist. Das zu erfassen, genügt unser Verstand. Weisheit hingegen hat ihre Quelle in Erfahrung, in durchlebter und durchdachter Erfahrung. Sie ist die gute Beigabe, die den erfahrenen Alternden zuteil wird.

Trostlosigkeit – nein!

Das freilich – dieser Hausputz – ist nicht alles, was die Einsamkeit einschleust und loswerden will bei uns, die wir auf das Greisenalter zugehen. Sie hat einen weiteren, einen harten, bitteren Kern bei sich. Wer gelegentlich den Trakt für Demenz-Kranke in einem Altenwohnheim besucht, bekommt es zu sehen: nicht nur pflegebedürftige Körper, sondern die Verdunkelung von Geist und Seele.

Es mag damit beginnen, dass die psychische und geistige Spannkraft nachlässt. Zunehmend fällt es schwerer, Neues, Erfreuendes, Beglückendes zu erfassen und es sich anzueignen. „Tristesse" nennen es unsere französischen Nachbarn. „Selbstmitleid" sagt unsere deutsche Sprache. Es kann auch andauernde Langeweile sein, die uns beschlagnahmt und – wenn sie nicht vertrieben wird – in Lethargie ausmündet. Ein Gefühl von Hilflosigkeit, Unruhe und Unsicherheit setzt sich durch. Bei Fachleuten taucht dann das Wort „Identitätskrise" auf.

Statistiker behaupten: Jeder fünfte Deutsche ist oder war psychisch krank. Die Einsamkeit, die mit dem Altern mitkommt und mit ihm Schritt hält, kann zum Gefahrenherd für unser Gemüt werden. Sie kann unsere Emotionen durcheinander wirbeln oder auch vergiften. Sie tut das nicht auffällig, nicht laut, sondern flüsternd, deutlich flüsternd, aber unüberhörbar und eindringlich.

Franz Werfel hat beschrieben, wie er es erlebte:

> Einst hat man dich gepriesen,
> wie standest du im Saft.
> Jetzt wirst du streng verwiesen
> in deine Einzelhaft.

> Die Wangen wurden kleiner,
> die Augen wurden groß.
> Vielleicht fragt irgendeiner:
> Was ist mit dem nur los?

Lebensbilanz

Eines Tages regt uns nicht länger auf, was andere über uns sagen und von uns denken, sondern wie eine finstere Wolke überfällt uns die bohrende Frage, wie wir uns selber einschätzen, heute, nachdem Jahre voller Arbeit, Gelingen und Misslingen, Höhen und Tiefen hinter uns liegen; heute, wenn die Einsamkeit uns einflüstert:

Warum bis jetzt gelebt
ich weiß nicht warum

. . .

Ich weiß nicht
lass mich
nichts weiß ich[14]

(Rose Ausländer)

Der Rückblick in die zurückliegenden Jahre im Geschirr
drängt sich uns Alten unwiderstehlich auf. Was war gut,
was war schlecht? Was ist gelungen und was ist miss-
glückt? Wer wünscht sich da nicht eine glänzende
Bilanz? Wir Menschenkinder sind auf Anerkennung
ebenso angewiesen wie auf das tägliche Brot. Immer
wieder neu verlangen wir danach, von unseren Mitmenschen anerkannt zu werden. Keine Ehe, keine Familie,
keine Nachbarschaft kann ohne sie gedeihen. Wir wünschen sie uns tagtäglich und leisten erhebliche Anstren-
gungen, um sie zu gewinnen. Solange wir berufstätig
waren, konnten wir die Produkte unserer Arbeit vorzei-
gen und sie uns als Leistung anrechnen lassen. Stehen
wir jetzt als Ruheständler ohne den Nachweis da: Seht
euch an, was ich leiste!? Stehen wir jetzt da wie der Kaiser
im Märchen, der plötzlich keine Kleider anhatte!? Ich erlebe alt gewordene Leute – Männer mehr als Frauen –,
die sich grämen, weil sich ihnen der Vergleich ihres Lebens jetzt mit dem Berufsleben zuvor aufdrängt und wie
ein Abstieg, ein andauernder Verlust vorkommt.

Da wirkt sich ein ungeschriebener Duktus unserer heutigen Zeit aus: Ein Mensch muss sich messen lassen an seiner Leistung! Was er zustande bringt, was er vorzuweisen hat, das macht seinen Wert aus! Wie sehr diese Beurteilung vorherrschender Maßstab geworden ist, lässt sich in den Traueranzeigen nachlesen. Da wird gepriesen und gerühmt.

Wer in einsamem Grübeln diese Art von quälenden Fragen durchleidet, dem wünsche ich, was die Bibel eine „herrliche Freiheit" nennt: Gott allein steht das Recht zu, ein zusammenfassendes Urteil über uns Menschen zu fällen. Niemandem sonst. Mit ihm aber kann ich über alles sprechen, was mich grämt.

Noch etwas wünsche ich ihm, etwas, das man einem Menschen auch dann zumuten kann, wenn ihn ein bedrücktes Gemüt zu Boden drückt: dass es ihm gelingt, von sich selbst weg in die Welt zu sehen, die unser Lebensraum ist. Wohl ihm, wenn ihm auffällt:

Noch
duftet die Nelke
singt die Drossel
noch darfst du lieben
Worte verschenken
noch bist du da

Sei was du bist
gib was du hast[15]
(Rose Ausländer)

Könnte es sein, dass sich hier eine Stimme protestierend zu Wort meldet: Schweig!? Rede meine Bedrängnis bitte nicht klein! Du ahnst nicht, wie zermalmend die Trostlosigkeit nach mir greift! Mir ergeht es wie Hiob:

Mein Glück hat sich in nichts aufgelöst,
meine Lebenskraft ist gebrochen.
Das Elend hat mich gepackt,
es sitzt mir in den Knochen,
es nagt in mir und gibt keine Ruh.

(Hiob 30)

Hiob hat viele Leidensgenossen zu allen Zeiten und in allen Ländern, und das nicht zuletzt bei alt gewordenen Frauen und Männern. Einen brutalen Zugriff, der sie in schwer erträgliche Einsamkeit versetzt, erleiden zum Beispiel Eheleute, wenn der geliebte Mensch, mit dem sie zusammenlebten, stirbt. „Die Einsamkeit in mir war wie ein böses Tier, warf mich nur auf mich selbst zurück", berichtet eine Frau nach dem Tod ihres Ehemannes und fährt fort: „Es half überhaupt nicht, dass eine prominente Dame mich aufsuchte, um mir zu sagen, wie selig ich mich preisen könne, sechzehn Jahre an der Seite eines so überaus edlen Menschen gelebt zu haben … Ich wollte weiß Gott noch sehr viel länger mit diesem Mann leben, der glücklicherweise nicht nur aus Noblesse bestand. Er war ein Mensch, er hatte Fehler, er rauchte zu viel, war oft schlecht gelaunt. Ich liebte einen Menschen, ich liebte ihn immer noch" (Waltraud Schmitz-Bunse).[16]

Sich grämen, trauern, klagen

Früher hatte unsere Alltagssprache ein Wort für das seelische Befinden der Trauernden: *Gram*. Es kommt in unserer Alltagssprache kaum noch vor. Überhaupt verwehren wir es dem Tod, sich erkennbar zu zeigen. Beim Tod meines Vaters 1923 zog der von Pferden gezogene Trauerwagen mit dem sichtbaren Sarg und dem schwarz gekleideten Gefolge durch die Stadt zum Friedhof. Die Passanten blieben stehen und lüfteten den Hut oder die Mütze. Das war einmal – bis auf die Bestattung an der Grabstätte.

Es hat ja auch seinen verständlichen Grund: „Um Trost war mir sehr bange", beschreibt es ein Text der Bibel. Matthias Claudius sagt es konkret: „Menschen können keinen Trost geben, was sie auch sagen und versprechen, sie können von der Leiche wohlreden, können sie kleiden und mit Blumen schmücken, ihr den Kopf und die Hände zurechtlegen etc.; aber tot ist tot, und sie bleibt still und stumm im Sarg liegen."[17] „Ich bin so betrübt, Andres. Wollte dich gerne trösten, aber ich kann nicht. Lehne dich an die Wand oder in eine Ecke und weine dich satt."

„Die Zeit wird die Wunden schon heilen" – nein, das ist zu billig. Wer anders als der Schöpfer allen Lebens ist in der Lage, dem Tod ins Angesicht zu sehen, ohne dass es ihm die Sprache verschlägt? Redet Gott, und das so, dass wir ihn verstehen können? Der dänische Philosoph Søren Kierkegaard hat betend formuliert: „Herr, lass mich nie vergessen, dass du auch noch redest, wenn du schweigst." Auf den Schrei „Mein Gott, warum hast du mich verlassen?" lautet die Antwort Gottes: „Er ist wahrhaftig auferstanden." Dann hat der Tod eine ihm bis dato konträre Funktion bekommen: „Hier ist das Ziel, hier ist der Ort, da man *zum Leben* geht." Dann gibt es sogar hier am Grab eine Aufrichtung:

Der Mensch lebt und bestehet
Nur eine kleine Zeit;
Und alle Welt vergehet
Mit ihrer Herrlichkeit.
Es ist nur Einer ewig und an allen Enden,
Und wir in seinen Händen.[18]

(Matthias Claudius)

Dann tut sich für die „Hiobs" damals und heute ein Ausweg auf. Er heißt: *Klagen*. Nicht ein zur Schau getragenes Lamentieren, wie man es häufig zu hören bekommt, sondern buchstäblich Beim-Namen-Nennen, was mir unerträglich zu werden droht. In den alttestamentlichen Psalmen kann man es nachlesen. Da kennt man sich aus und findet die passenden Worte für das Klagen:

Ich wache und klage
wie ein einsamer Vogel auf dem Dach.

(Psalm 102)

Denn ich bin einsam und elend.
Die Angst meines Herzens ist groß.

(Psalm 25)

Die so Worte fanden für die Bedrängnis, die übermäch-
tig in ihnen rumorte, machten eine überraschende Erfahrung, die sich ihren Mitmenschen mitteilen ließ:

Gott in seiner heiligen Wohnung ist ein Gott,
der die Einsamen nach Hause bringt.

(Psalm 68)

Das kann – so ist es meine Erfahrung – still, unspek-
takulär vonstatten gehen; etwa so, dass einem Freund
oder einer Freundin nicht verborgen bleibt, was mich
quält. Sie sprechen mich an, sie hören meiner Klage zu,
sie finden klärende, aufrichtende Worte. Mich hat gelegentlich ein Lied, die wehmütige (nicht schwermütige)
Melodie in der Musik Franz Schuberts, ein Choral oder
ein Gedicht wie dieses aus der Feder von Rilke „nach
Hause gebracht":

Die Blätter fallen, fallen wie von weit,
als welkten in den Himmeln ferne Gärten;
sie fallen mit verneinender Gebärde.
Und in den Nächten fällt die schwere Erde
aus allen Sternen in die Einsamkeit.

Wir alle fallen. Diese Hand da fällt,
und sieh' die and're an: es ist in allen.
Und doch ist Einer, welcher dieses Fallen
unendlich sanft in seinen Händen hält.

Wir leben in Beziehungen

Ein achtjähriger Junge war ich. Vater kam von einer seiner Reisen heim. Mutter hatte ihm zu berichten, dass sein Sohn etwas verbockt habe und Prügel verdient habe; damals ja üblich. Er nahm mich mit ins Zimmer neben der Wohnküche, aber er griff nicht gleich zum Rohrstock, sondern redete mich an: „Kannst du dir vorstellen: Ich komme nach Hause, freue mich auf meine Familie und soll als Erstes meinem Sohn eine Tracht Prügel verpassen!?"

Das saß.

Der Junge begriff: Wir leben in einem Beziehungsgeflecht. Was ich, der Sohn, tue, kann Mutter und Vater erfreuen oder auch ärgern, verletzen, aufregen, besorgt machen, kränken. Ich erinnere mich nicht mehr: Gab es Prügel? Aber die Einsicht, wir leben alle mit-einander, nie solo, hatte sich unauslöschlich eingeprägt.

Was bin ich seitdem nicht alles gewesen: Schüler, Student, Soldat, Kamerad, Ehemann, Nachbar, Vereinsmitglied, Vorgesetzter … Manche dieser „Rollen", wie die Soziologen es nennen, habe ich mir ausgesucht, andere fielen mir zu. Jedes Mal war klar: Es hängt viel davon ab, ob du und neben dir andere ihre „Rolle" ordentlich, zuverlässig, zukunftsträchtig ausleben. Das kommt dir selbst, deiner Familie, deinem Arbeitsplatz und der Gesellschaft, der du angehörst, zugute. Niemand von uns lebt ohne solche Rollenzuteilung.

Jetzt aber, beim Ausscheiden aus dem Berufsleben, hat man uns die „Rolle" als Arbeiter, Angestellter, Vorgesetzter usf. abgenommen. Was nun? Welche Aufgabe fällt uns Ruheständlern in der heutigen Gesellschaft zu? Womöglich werden wir als Belastung empfunden, etwa für einige Etats in der Sozialgesetzgebung: für die Renten- und die Pensionskassen, für die Krankenversicherung. Seltsame Wortungetüme tauchen in der Berichterstattung der Medien auf: „Altersschwemme", „Rentnerberg", „Alterslastquote", „Überforderung des Generationenvertrages". Haben wir herauszuhören: Geduldet seid ihr; gebt euch damit gefälligst zufrieden!?

Seniorenclub und Erzählcafé

Es genügt, eine der zahlreichen regionalen Tageszeitungen zur Hand zu nehmen und durchzublättern, um belehrt zu werden: Da spielen die Alten nicht mit! Sie lamentieren nicht, sondern sie agieren. Den Lesern wird bebildert Bericht erstattet von den munteren Aktivitäten der so genannten Senioren und Seniorinnen. Sie sorgen dafür, dass alle möglichen Vereine Jahr um Jahr ein volles Programm absolvieren können. Sie stellen das Gros der Teilnehmer bei zahlreichen Veranstaltungen in den Städten und den Dörfern. Sie gründen „Selbsthilfegruppen“, „Seniorenclubs“, ein „Erzählcafé“ und anderes mehr. Die Bundestags-Enquetekommission „Bürgerschaftliches Engagement und Zivilgesellschaft“ vermeldet: 22 Millionen Frauen und Männer betätigen sich in einem „Ehrenamt“ (Zeitung vom 5. 12. 01). Wie würde es den zahlreichen Chören ergehen, wenn sie den über Sechzigjährigen das Mitsingen verweigern würden? Es dürfte kein Ausnahmebeispiel sein, als bei der Einführung einer Presbyterin in einer Kirchengemeinde angekündigt wurde, es seien mehr als 200 Gemeindeglieder ehrenamtlich tätig. Ganz zu schweigen von den Kursen der Volkshochschulen oder vom „Studium der Senioren“ an den Hochschulen.

Diese spontane, in vielfachen Eigeninitiativen ablaufende freiwillige Aktivität der Alten in unserer Gesellschaft ist kein organisiertes Kontrastprogramm zur so genannten „Spaßgesellschaft“, sondern eine eigenständige Ergänzung. Nicht Protest gegen „Spiel und Spaß in der ICH-AG“ (Zeitung vom 16. 7. 01) ist geplant, sondern Eigenleben für die Bedürfnisse ergrauter Frauen und Männer. Sie wollen selbst herausfinden, was ihnen wünschenswert erscheint. „Im Alter werden die Tage länger“, heißt es. Deshalb suchen sie die ihnen jetzt, im Alter, gemäße Lebensart – *façon de vivre* sagen die Franzosen – und wollen es dann auch selber aktiv gestalten.

Lass uns ruhig schlafen
und unsern kranken Nachbarn auch

Die Tageszeitungen kolportieren allerdings gar nicht
selten anders klingende Berichte. Wieder einmal, liest
man, wurde in einer der Wohnungen in einem Miets-
haus ein Toter erst Tage nach seinem Tod aufgefunden.
Links und rechts im gleichen Stockwerk wohnten neben
ihm oder ihr andere Mieter. Man begegnete sich. Das
war's dann auch! Allenfalls ein flüchtiges „'n Tag auch".
Mietpartei – ja, das ist unvermeidlich; Nachbarschaft –
nein. Lang, lang ist's her, dass Martin Luther im
Katechismus „getreue Nachbarn und desgleichen" zum
„täglichen Brot", ohne das man nicht leben kann, zählte;
und Matthias Claudius uns singen ließ: „Lass uns ruhig
schlafen und unsern kranken Nachbarn auch." „Anony-
mität" nennen die Fachleute dieses Phänomen im Groß-
stadtmilieu.

Wir haben inzwischen Möglichkeiten zur Aushilfe organisiert. „Ein Stück mehr Sicherheit im Alter" ist als
Überschrift zu lesen auf einem Blatt, das allein stehenden Alten Hilfen anbietet; unter anderem ein „Haus-
Notrufsystem", das sich auch noch bei Schwächeanfällen
bedienen lässt, um einen „Bereitschaftsdienst" herbeizu-
rufen. Trotzdem ist die Anzahl vollstationärer Plätze in
Altersheimen seit 1996 um 10 % und in der ambulanten
Pflege um 22 % gestiegen.

Rasantes Lebenstempo

An noch einer anderen Stelle mutet unsere heutige Gesellschaft den Ruheständlern eine Bewährungsprobe zu. Alt gewordene Menschen sehnen sich nach Verlässlichkeit und Kontinuität. Für sie ist die Zeitungsnotiz, dass die Post kleinere Postämter schließt und zwei Kilometer Fußweg für zumutbar hält, eine Schreckensmeldung, und die statistische Feststellung, dass Kriminalität auf Straßen, Plätzen und an Haustüren zunimmt, beängstigt sie. Es verwundert sie, wenn sie die Kaskaden von Namen für das Aussehen der heutigen Gesellschaft hören oder lesen: „Risiko-Gesellschaft", „Erlebnis-Gesellschaft", „Wissens-Gesellschaft", „Spaß-Gesellschaft", „offene Gesellschaft" ... Dass die Kennzeichnung unseres Zeitlaufs als „neue Unübersichtlichkeit" ins Schwarze trifft, erleben sie, damit sich anzufreunden, lockt sie nicht. Aufregend wird es für uns Alte, wenn wir uns die rasche Fortentwicklung von Wissenschaft und Technik vergegenwärtigen. Es ist noch nicht lange her, dass die erste „Silizium-Solarzelle" erfunden wurde und die Raumfahrt ins Weltall ermöglichte. 1958 wird „Laser" als neue Lichtquelle entdeckt, die traumhafte Fähigkeiten besitzt, und schon eröffnet die Biotechnologie Möglichkeiten, deren Folgen unabsehbar sind. Wir erleben es mit; wir gehen auch mit, aber das rasante, atemlose Tempo bei diesem Marsch in die Zukunft irritiert uns.

Atempausen zum Fragen

Wenn an unserem Wohnort eine romanische Kirche ihre Glocken läuten lässt, erinnert es uns daran, dass man sich im damaligen Europa dreihundert Jahre Zeit ließ, damit Architekten, Steinmetze, Maler, Bildhauer, Dichter, Politiker und auch die Bürger ihrem romanischen Lebensgefühl und Stilempfinden frönen konnten: wuchtig, wehrhaft, erdverbunden, standfest (von etwa 1000 n. Chr. bis ins 13. Jahrhundert). Anschließend drei Jahrhunderte Gotik: aufstrebend, himmelwärts, alle Erdenschwere vermeidend (12. bis 14. Jahrhundert n. Chr.). Wie viel Zeit nehmen wir uns heutzutage, um intensiv die unserem permanenten Wissenszuwachs implizierten Optionen und Fragen zu bedenken, um dann erst verantwortungsbewusst zu handeln? Unsere Lebenserfahrung, in durchlebter Zeitgeschichte erworben, sagt uns: Beachtet das Bündel von Motiven, die Menschen zum Handeln bewegen: nicht nur Wissensdrang, sondern Machtstreben, Ehrgeiz, Gewinnsucht, ökonomische und andere Interessen setzen sich durch. Wir brauchen dringend Atempausen zum Fragen, Nachdenken und Erproben. Sie müssen ja nicht gleich drei Jahrhunderte dauern wie im seinerzeitigen Europa.

Wenn im Ablauf der Weltgeschichte dringend erforderliche Entscheidungen von einer Generation nicht getätigt wurden, weil man seine Aufmerksamkeit anderen Interessen zugewandt hatte, stellten sich nicht selten unkon-

63

trollierte Folgen ein. Die waren häufig verhängnisvoll. Das könnte uns heutzutage blühen. Der jetzt heranwachsenden und morgen führenden Generation könnte der Atem ausgehen, wenn wir allzu hastig, ohne Besinnung, voranschreiten. Der rapide Geburtenrückgang ist ein alarmierendes Signal. In den Statistiken, die ihn registrieren, haben wir Deutschen inzwischen einen Spitzenplatz erreicht. Welche erkennbaren Ursachen hat der Geburtenrückgang, der ja doch von heranwachsenden Frauen und Männern bewusst verursacht wird? Beschlagnahmen uns die momentanen Anforderungen der Gegenwart derart, dass uns für den Ausblick in die Zukunft der Atem ausgeht? Hartmut von Hentig hat mit einem klugen Buchtitel zum Atemholen aufgefordert: „Die Menschen stärken, die Sachen klären" (1985). Das wird nicht ohne Zeit zur Besinnung zu leisten sein.

Nicht nur das Tun,
auch das Lassen will gelernt sein

„Im Alter – ich bin jetzt 75 Jahre – lässt doch vieles nach. Und das spürt man auch. Aber geistig möchte man doch noch dabeibleiben."[19] Das äußert in einem Interview eine Frau und fügt hinzu: „Ich brauche einen Ansporn." Wie vielen Hochbetagten mag es ähnlich ergehen?

Seit fünf Jahren verzichte ich auf weite Reisen. Veranstaltungen in der Stadt mit allzu fülligem Programm meide ich, erst recht an dunklen Abenden. Die Spaziergänge werden kürzer. Kurzum: Meine Vitalität lässt nach. Muss ich mich nun darauf einstellen: Gib allem Liebgewordenen den Laufpass, und das von Monat zu Monat mehr? Ist das ab jetzt mein Schicksal?

Ja und zugleich nein. Ja, der Aktionsradius für aktives Tun wird bei uns Alten schmaler. Das verlangt uns Einschränkungen ab. Der eine oder die eine ertragen es gelassen; andere begehren auf oder sie versauern. Jedoch – ein guter, gangbarer Ausweg ist nahebei: Die uns Menschen vom Schöpfer allen Lebens zugeteilte Begabung ist facettenreich; sie befähigt uns nicht nur zu aktivem Handeln, sondern auch zu *rezeptivem Annehmen*. Wie unser Ausatmen nur funktioniert, wenn wir auch einatmen, so sind unsere Sinne, unser Denken, unser Wille zu beidem geeignet: Tun *und* Lassen, Agieren *und* sich Besinnen.

Im ersten Lebensjahr waren wir vorwiegend auf Betreuung, auf Fürsorge, auf Empfangen programmiert. Das ist uns und der Menschheit im Ganzen gut bekommen. Die Anthropologen schildern höchst anschaulich, was wir seit Urzeiten den Müttern und anderen, die uns hilflose Wesen versorgten, verdanken: die *Muttersprache*, die uns vor allen anderen Lebewesen auszeichnet. Wir, wir alle seit Jahrtausenden, werden als „Mängelwesen" geboren, und gerade das ist unser Vorteil. Als Säuglinge, also als tagtäglich Empfangende, wird uns nicht nur Muttermilch zuteil, sondern liebevolle Zuwendung und Anrede. So kommt unsere herausragende Begabung zustande: Wir können sprechen und also denken und also uns untereinander verständigen und Häuser, Städte und Kulturen bauen. Dass unser Menschenleben mit einer sehr langen Phase rezeptiven Annehmens beginnt, hat bei jedem Einzelnen zur Folge, dass wir nicht nur vegetieren, sondern einen eigenen Willen haben, Möglichkeiten abschätzen können, die uns eine überschaubare Zukunft anbietet, fähig sind zu planen, uns untereinander abzusprechen und es dann auch auszuführen. Solch aktives Leben leisten wir uns dann einige Jahrzehnte lang und erfreuen uns dessen hoffentlich. Wer darin freilich mit Haut und Haaren aufgeht, der wird zum protzenden „Macher" oder zu „Sisyphos", der drauflos schuftet, als wäre Malochen das ganze Leben.

Jetzt im hohen Alter lädt uns unser Lebenslauf noch einmal ein: Du bist begabt zu rezeptivem Auf- und Annehmen; nutze es. Das Alter und die Kindheit sind einander nahe. Damals waren wir, jetzt sind wir erneut auf stützendes, zurechthelfendes Empfangen angewiesen. Und das ist nicht nur ein Verlust, sondern auch ein Gewinn oder eine Option. Martin Buber hat ein eindrucksvolles Beispiel geschildert:

Ich hatte ihn einst bei einer Tagung kennen gelernt. Damals hatte es mich freudig überrascht, wie der Mann mit den stahlgrauen Locken uns zu Beginn seiner Rede ersuchte, alles zu vergessen, was wir von seinen Büchern her über seine Philosophie zu wissen glaubten; in den letzten Jahren – und das waren Kriegsjahre gewesen – sei ihm die Wirklichkeit so nahe gerückt, dass er alles habe neu besehen und dann eben auch neu bedenken müssen. Altsein ist ja ein herrliches Ding, wenn man es nicht verlernt hat, was *anfangen* heißt. Dieser Mann hatte es vielleicht gar im Alter erst gründlich erlernt; er tat gar nicht jung, er war wirklich so alt wie er war, aber auf eine junge, anfangskundige Weise.[20]

Eine Ausnahme? Das muss es nicht sein. Greise können ihr Alter wohltuend gestalten, wenn sie erneut wie in der Kindheit auf eine „anfangskundige Weise" dem rezeptiven Auf- und Annehmen Raum geben. Neugierig fragen; sich verwundern; staunen; sich anregen lassen; hinhören bis zum Lauschen und dabei heraushören, was in den Worten mitkommt: – Da tun sich Welten auf.

Immer schon hat diese Begabung zur Rezeptivität uns begleitet und darauf gewartet, genutzt zu werden; jetzt, im so genannten Ruhestand, können wir ihr erst recht gestatten, uns zu beglücken. Die alt gewordene Rose Ausländer bringt es so zur Sprache:

Du siehst
Menschen
Bäume Himmel
hörst Worte Lieder
du bewunderst
ein Bild ein Gedicht
erkennst
daß alles sich bewegt
...
Wie
kann es
langweilig sein[21]

Das lässt sich auch als Prosa erzählen: „Ich hatte also Glück. Es half mir jemand. ‚Weine nicht mehr, höre auf zu weinen!‘ Ich hatte eine Antwort bekommen, nicht von Gott persönlich, sondern von einem Menschen persönlich … Also hörte ich genauer zu, wenn die Kinder mir etwas zu erzählen hatten. Ging gelegentlich zu Freunden, lud sie ein.[22]" So erlebt es eine Witwe.

Es mangelt nicht an Anregungen, die rezeptives Einatmen stimulieren. Museen haben Öffnungszeiten; Musik gibt es nicht nur im Konzertsaal, sondern auch auf CD-Platten; an Büchern ist kein Mangel; der Sternenhimmel leuchtet und die Sonne lacht; Blumen blühen und duften; und selbst noch das Herbstlaub strahlt farbenfroh seine Schönheit aus. Gibt es nicht auch für jeden von uns geeignete Gesprächspartner, die Gutes zu sagen haben? Sogar der Tagesausklang lädt zu rezeptivem Einatmen ein:

> Seht ihr den Mond dort stehen?
> Er ist nur halb zu sehen
> und ist doch rund und schön.
> So sind wohl manche Sachen,
> die wir getrost belachen,
> weil unsre Augen sie nicht sehn.

(Evang. Gesangbuch 482)

Wir sind Teilhaber
einer turbulenten Zeitgeschichte

Der Junge, der 1914 seinen ersten Schrei tat, konnte nicht ahnen, dass er als Bürger in vier, nein in fünf Staaten mit dem Namen „Deutschland" leben würde: als Kind im „wilhelminischen Kaiserreich" mit seinem Versuch, sich als Großmacht zu präsentieren; als Schüler in der „Weimarer Republik" bei ihrem gescheiterten Versuch, mit zahlreichen Parteien Demokratie zu verwirklichen; als Student im übermütigen „Dritten Reich" und seinem Ende in Schrecken und Trümmern; als Mann in der „Bundesrepublik" mit einem „Grundgesetz", das sich sehen lassen kann, und einem „Wirtschaftswunder", das wir staunend miterlebten. Zu guter Letzt wurden wir nach einem Mauerfall ohne blutige Straßenkämpfe Bürger in einem vereinten Deutschland.

Wie haben wir dieses Auf und Ab, diese Höhen und Tiefen durchlebt?

Die Zeitgeschichte hat uns in ihren Strömungen mitgerissen. Zwischendrin waren wir die noch einmal Davongekommenen. Zuletzt dann überraschend doch beschenkt mit Frieden und Freiheit. Indes, wir waren nie nur Treibholz, sondern in jeder Periode Beteiligte, die mitgestaltet haben. Ulrich von Hutten hat als Zeitgenosse einer ähnlich turbulenten Epoche gesagt: „Es ist eine Lust zu leben." Was sagen wir?

Ist es nicht so: Uns drängt die Erfahrung von fast einem Jahrhundert durchlebter Zeitgeschichte ins Nachdenken? Einerseits haben wir sie erlitten. Manche von uns haben Haus und Hof und ihre Heimat verloren, andere geliebte Angehörige; und wir alle haben Ideale aufgeben müssen. Ohne Blessuren ist es nicht abgegangen. Andererseits sehen wir uns heute auf der Seite der Gewinner im Auf und Ab unserer Zeitgeschichte. Es eröffnete sich immer wieder einladende, tragfähige Zukunft. Bleibt die Frage: Sind wir, jeder von uns an seinem Platz, nicht auch verantwortlich für die Geschehnisse, auch für die bösen?

Noch einen Schritt weiter drängt uns das Nachdenken: Gibt es aus Erfahrung geborene gute Einsichten für unser zukünftiges Denken und Handeln? Wissen wir jetzt, was wir unter keinen Umständen tun oder zulassen dürfen und was wir hoffnungsvoll anstreben können?

Die Jahrtausendwende gab noch einmal Anlass zum Rückblick auf Jahrzehnte, die wir als erwachsene Frauen und Männer mitgestaltet hatten: „Besatzungszonen" in russischer, amerikanischer, britischer und französischer Verwaltung. Zerstörte Häuser und Brücken. Zugleich aber „Trümmerfrauen", die aufräumten; Kriegsgefangene, die heimkehrten; Politiker, die in Jahrzehnten bewährte, zwischendurch verbotene oder auch neue Parteien etablierten, ein Grundgesetz entwarfen, eine Währungsreform durchsetzten; Unternehmer und Arbeiter, die Industrie und Handel wiederbelebten; Kirchen, die 1948 einer Weltkirchenkonferenz in Amsterdam das Thema „Verantwortliche Gesellschaft" stellten. Kurzum: Nach dem, was wir Zusammenbruch nannten, nun ein Aufbruch, der kühnste Erwartungen übertraf.

Die Gegenwart konfrontiert uns mit Spannungen und Gegensätzen, die sich unterschiedlich deuten lassen. Da hat Demokratie, die sich zuvor in der deutschen Geschichte schwer tat, endlich ein halbes Jahrhundert lang funktioniert. Und trotzdem breitet sich Politikverdrossenheit aus, die Zahl der Nichtwähler nimmt schockierend zu. Wieso? Hat das Volk, laut Verfassung der „Souverän", andere Erwartungen, als das Taktieren der Parteien erkennen lässt?

Da werden uns nach Jahren blühender Konjunktur und dementsprechend hohem Steueraufkommen Defizite der Haushalte in Bund, Ländern und Kommunen in Billionenhöhe präsentiert, während wir, die Bürger, zur gleichen Zeit Billionen erspart haben, wie die Statistiken nachweisen. Reicht die Wiedervereinigung aus, diesen Zwiespalt zu erklären?

Da bewundert man uns Deutsche als Weltmeister in Ausfuhren, aber es steigt die Zahl der Arbeitslosen scheinbar unaufhaltsam.

Da rechnen uns die Statistiker vor, wie niedrig inzwischen die Lebenshaltungskosten geworden sind, nicht zuletzt für unsere tägliche Speise und Trank, und schon überfällt uns aus heiterem Himmel die BSE-Krise und verunsichert Landwirte, Märkte und Verbraucher.

Da hört und liest man staunend und erfreut, dass den Krankheiten mit neuen Medikamenten, verbesserten Operationen und geschickteren Rehabilitationsmaßnahmen höchst effektiv zu Leibe gerückt werden kann, und gleichzeitig, dass die Kosten solcher Guttaten unbezahlbar werden. Das Geschrei nach einer Gesundheitsreform wird laut und lauter; jedoch scheint das eher die Ratlosigkeit der Experten wachzurufen als geeignete Lösungen zutage zu fördern.

Genug der Beispiele, die sich nahebei abspielen und die unserer Lebenserfahrung rätselhaft vorkommen. Wir sind zugleich weltweit einschneidenden Konflikten ausgesetzt und wir werden nicht gefragt, ob uns das gefällt oder missfällt.

Die Weltgeschichte lockt und schreckt zugleich

Europa wächst – wie gut! – zusammen, und das zügig. Wir Alten erleben es hautnah: Uns wird zum dritten Mal ein Geldumtausch zugemutet mit neuen Scheinen und Münzen. 1923 nach der Inflation, 1948 nach der

Währungsreform, 2002 beim Umtausch der DM in Euro. Bis in den Geldbeutel bekommen wir unsere Einbettung in weltgeschichtliche Entwicklungen zu spüren. Schon meldet sich ein neues zukunftsträchtiges Wort plakativ an: „*Globalisierung*". Länder, Nationen, Kulturen vernetzten sich untereinander so dicht, dass ein den Globus umspannendes gemeinsames Agieren in Sicht kommt. Die Börsen in den Hauptstädten praktizieren es heute schon, die Wissenschaftler auch und ebenso die führenden Unternehmen der Marktwirtschaft. Das Internet macht es möglich, indem es in Sekundenschnelle für Nachrichtenübermittlung in alle Erdteile sorgt. Wir buchstabieren neue Worte: „Internationaler Währungsfonds (IWF)", „Welthandelsorganisation (WTO)", und hören sogleich hierzu Berichte über Protestbewegungen bei den Weltkonferenzen: „Anti-Globalisierungs-Bewegung". Die Politik hat nach dem Weltkrieg den Mut gehabt, die „Vereinten Nationen" ins Leben zu rufen. Wir bewundern Jahrzehnte später, wie ein aus Ghana stammender Afrikaner als ihr Chef bescheiden, zuhörend, konsensfähig und geschickt den vielstimmigen Chor zu gemeinsamen Beschlüssen dirigiert. Wird es hier gelingen, die Herrschaft der mächtigen und reichen Staaten zu bändigen und ihnen ihre Verantwortung für Frieden und Wohlergehen rund um den Erdball einzuprägen? Wird es möglich sein, das Gefälle zwischen reichen und armen Ländern zu mildern; das weltweite Bevölkerungswachstum einzudämmen; die Naturzerstörung bis hin zum wachsenden Ozonloch und zur allmählichen Erwärmung der Erdat-

mosphäre aufzuhalten; den „Krieg der Kulturen" umzu-
polen in einen Wettkampf untereinander, und nicht
zuletzt die heutigen mörderischen Waffen in ihre Depots
zu verbannen und für Frieden zu sorgen? Die Lebenserfahrung ergrauter Häupter lässt ahnen, was in unserer so
genannten postmodernen Welt auf dem Spiel steht, und
lässt uns zwischen Hoffnung und Bangigkeit schwan-
ken.

In der Bibel findet das seinen Niederschlag in einer
eigenen Literaturgattung: den Apokalypsen. In ihnen
kommt das Untergründige im Ablauf weltgeschicht-
licher Ereignisse so elementar in Sicht, dass es sich in
Begriffen nicht mehr, sondern nur noch in Bildern, in
Metaphern beschreiben lässt. Zum Beispiel: ein „wei-
ßes", ein „feuerrotes", ein „schwarzes" und ein „fahles
Pferd" reiten, „nehmen den Frieden von der Erde" und
richten Grauen an (Offenbarung Johannes 6). Heutzutage geben sich profane Apokalypsen ein Stelldichein auf
dem Buchmarkt, und sie klettern auf Spitzenplätze in
den Bestsellerlisten. Vor zwei Jahrzehnten war es Um-
berto Eco mit seinem Roman „Der Name der Rose";
1997 der Amerikaner Don DeLillo, als er die heutige Art
zu leben unter dem auffallenden Titel „Unterwelt" auf
fast tausend Buchseiten schilderte. Und dann erlebten
wir am 11. September 2001 Apokalypse live beim
Flugzeug-Bombenangriff auf die Twin Towers in New
York. Die Medien haben es „apocalypse now" genannt.
Wird „Terror" unser bisheriges Wort „Krieg" verdrängen
oder ablösen und uns in Zukunft in Atem halten?

Zeiten der Bewährung

Die biblischen Apokalypsen bleiben glücklicherweise nicht in Szenarien des Schreckens stecken. Sie schildern Durchgangsstadien, Zeiten der Bewährung. Das Ende der Weltgeschichte bleibt dem Schöpfer allen Lebens anvertraut, und der ist nicht auf Unheil, sondern auf Heil bedacht. Deshalb gibt Matthias Claudius den Rat: „Der Weg, den der Mensch in dem sucht, was Künste und Wissenschaften heißt, ist lobenswert und edel, aber sie sind höchstens ... ein Weg und nicht das Ziel; und wer sie für das Ziel nimmt und darin hängen bleibt ..., der sattelt in der Wüste ab, um das Pferd zu bewundern und bewundern zu lassen, mit dem er weiter ins gelobte Land reiten sollte."[23]

Es gibt was Bessres in der Welt
als all ihr Schmerz und Lust

Manchmal ist es ein Erlebnis, gelegentlich auch ein Gespräch, die uns zum Nach-Denken zwingen; vielleicht auch ein Buch. Judith Hermann erzählt in „Sommerhaus, später" (1998) neun kurze Geschichten von Frauen und Männern, die ins Erwachsenenalter gekommen sind. Dann spätestens verblasst der spielerische Zugang ins Menschenleben, und es drängt sich der Wunsch auf nach Jahren, die Bestand haben und Erfüllung mit sich bringen.

Wie haben wir, die jetzt als Ruheständler Rückblick halten, diesen Schritt in ein selbst gewünschtes, selbst gestaltetes und dann auch selbst verantwortetes Leben erlebt? Er wurde für uns fällig in der Zeit, als Hitler die deutsche Geschichte und auch die damalige Weltgeschichte seinen Vorstellungen diktatorisch unterwarf. Ließ sich ein Spielraum entdecken für eigenständige Entscheidungen? War der Rat des Großvaters von Ulla Hahn befolgbar: „Wie viele Seiten hatte ein jedes Ding? So viele, wie wir Blicke für sie haben."[24]

Nein, damals wurde *eine* Blickrichtung vorgeschrieben. Im Rückblick muss sich jeder gratulieren, der ein eigenständiges Denken durchzuhalten vermochte, wie z. B. in der „Bekennenden Kirche". Wir Theologiestudenten diskutierten, ob wir gut daran täten, ein zweites Studium zu beginnen, das uns später den täglichen Broterwerb ermöglichen würde, damit wir nebenher den gewünschten Beruf als Theologen praktizieren könnten. Der Ablauf der Geschichte hat es anders gewendet und uns die Lehre erteilt: An der Zeitgeschichte partizipieren kann heißen, gegen den Strom zu schwimmen, wenn es dafür einsichtige Gründe gibt. Wie und wo finden wir zu Maßstäben für unser Denken und Tun; zu einer Überzeugung, auf die Verlass ist?

Bei mir waren es fünf Fragen, die sich ein ums andere Mal stellten: Hier musst du Antworten finden, ehe du in aufrechtem Gang deinen Weg ins Leben fortsetzen kannst.

– Wo ist Wahrheit überzeugend zu finden? Etwa wenn sich mir aufdrängt: Wieso ist überhaupt etwas – dazu etwas so Staunenswertes wie das Universum und wir Menschen in ihm – und nicht nichts?
– Was ist der Tod? Ist Leben nur die Spanne zwischen Geburt und Grab?
– Woher das quälende Leiden mal hier, mal dort und von Generation zu Generation?
– Wie ertrage ich, dass und wo ich versage und mir Schuld eingestehen muss?
– Wie kann ich verantwortbar in Freiheit handeln?

Es wird so sein: Dies sind nicht jedermanns Fragen. Wir leben in einer vielstimmigen – im Fremdwort gesagt

„pluriformen" – Gesellschaft. Die hat eine Entstehungs-
geschichte. Einer ihrer kraftvollen Anstöße war der
Galileo Galilei (1564–1642) zugeschriebene Satz: „Zähle, was zu zählen ist, miss, was zu messen ist, und was
nicht mess- und zählbar ist, das mache mess- und
zählbar." Seitdem erleben wir den Siegeszug der Natur-
wissenschaften; nicht nur ihre sichtbaren Erfolge in Gestalt von technischen Errungenschaften, sondern auch
ein dementsprechendes Denken. Für uns heute ist die
Erde nicht länger der Acker, den wir so bebauen, dass er
seine Fruchtfolge bewahren kann, sondern unser Imperi-
um, in dem und über das wir frei verfügen; vielleicht gar
ausbeuten.

Vertrauen statt Furcht vor der Zukunft

Inzwischen zeigt sich: Es entsteht neben Gutem und
Nützlichem auch Zerstörendes, und das mit unabseh-
baren, womöglich katastrophalen Folgen.

Wir Alten sind gespannt beobachtende Zuschauer: Wird
es den nachfolgenden Generationen gelingen, unsere
fruchtbare Erde als schönen, guten Raum zur Entfaltung
von Leben zu erhalten? Nie haben wir mehr über die
Fakten auf unserer Erde und im Weltall gewusst als
heute. Dieses Fakten-Wissen hat die folgenreiche Eigenschaft: Es lässt sich in Gestalt von Technik anwenden.
Fragt sich: wie? Etwa in der Bio-Technologie: Wenn wir

nicht nur bei den Pflanzen die Erbeigenschaften nach
Gutdünken verändern können, sondern auch bei den
Tieren und demnächst womöglich bei den Menschen,
wie es die Bio-Wissenschaftler ankündigen, wie gehen
wir mit diesem Können um?

Es werden nicht nur uneigennützige Interessen ihr
Begehren anmelden, sondern auch eigennützige, schäd-
liche und zerstörerische; und nicht selten wird es im
Voraus nicht absehbar sein, welche Nebenwirkungen
sich einstellen. Wo und wie finden wir Maßstäbe für
einen Zukunft aufschließenden Umgang mit unserem
Faktenwissen und dem Können, das es uns zur
Verfügung stellt?

Mehr noch: Wie lässt sich durchsetzen, was diese
Maßstäbe, die weltweit in unterschiedlichen Kulturen
und von kleinen und mächtigen Staaten anerkannt
werden müssten, empfehlen? Viele Einzelpersonen und
Organisationen bemühen sich darum. Werden sie Erfolg
haben?

Wir Menschen sind zum Nachdenken und sogar zum
Vorausdenken begabte Lebewesen. Sich darauf zu besinnen hat früheren Generationen Auswege gezeigt. Wir
haben unseren Alltagsverstand – die Engländer sagen:
common sense –, der uns befähigt, unsere Lebenswelt zu
regeln, funktionierend, wohltuend zu gestalten. Wir
haben unsere Muttersprache, die Verständigung untereinander ermöglicht, Übereinkünfte zustande bringt

und gemeinsames Handeln. Was unsere „kommunikative Vernunft" (Jürgen Habermas[25]) bislang und immer wieder neu zustande brachte, gibt Anlass zu Vertrauen für den Gang in die Zukunft.

Gott hält sich nicht verborgen

Vertrauen vermittelt erst recht der Glaube, den Matthias Claudius so beschreibt: „Was wird es denn sein mit einem, der ewigen unvergänglichen Dingen vertraut, der an einen allgegenwärtigen, souveränen Tröster, einen Stiller alles Haders glaubt, und eines neuen Himmels und einer neuen Erde wartet? Der wird auf dieser Erde den Fuß in Ungewittern und das Haupt in Sonnenstrahlen haben, wird hier unverlegen und immer größer sein als was ihm begegnet; der hat immer genug, vergibt und vergisst, liebt seine Feinde und segnet, die ihm fluchen; denn er trägt in diesem Glauben die bessere Welt, die ihn über alles tröstet."[26]

Lässt sich Glaube so beschreiben, dass „religiös unmusikalisch" veranlagte Zeitgenossen (Jürgen Habermas) es gelten lassen können?

Matthias Claudius hat es so versucht: „Glaube existiert nicht in abstracto, und wo er in die Hand genommen wird, um besehen zu werden, da gebiert er nichts als Hader und Zank; wo er aber in seinem natürlichen

Acker in einem Menschenherzen wohnt und wurzelt, da zeigt er wohl, was er ist und was er kann und wie er hier dem Menschen konveniere.[27]" Diesen Glauben „nicht in abstracto", sondern „in einem Menschenherzen" beschreibt Søren Kierkegaard so: „Nicht Gott zu verstehen, sondern Gottes zu bedürfen ist des Menschen höchste Vollkommenheit."

Mein Glaube kennt zwei Zugänge zum Menschenherzen. Der erste ist einer der wertvollsten Fähigkeiten der Menschen: das Gehör; der andere die wichtigste Begabung aller Menschen: die Sprache. Ich erlebe, dass der Schöpfer allen Lebens sich unsere Muttersprache und unsere Begabung, zuhören zu können, zunutze macht.

> Er weckt mich alle Morgen,
> er weckt mir selbst das Ohr.
> Gott hält sich nicht verborgen,
> führt mir den Tag empor,
> dass ich mit seinem Worte
> begrüß das neue Licht.
>
> (Evang. Gesangbuch 452)

So hat Jochen Klepper den Hergang beschrieben. Die Bibel erzählt Beispiel um Beispiel von solcher Kommunikation zwischen Gott und uns und lädt ein: Beteilige dich, es lohnt sich.

Der Mensch lebt nicht vom Brot allein

Bei Gotthold Ephraim Lessing (1729–1781), der sich
dafür einsetzte, die Bibel wie andere Bücher auch mit
kritischen Augen zu lesen, finde ich den Hinweis: „Der
Buchstabe ist nicht der Geist ... Die Religion ist nicht
wahr, weil die Evangelisten und Apostel sie lehrten, sondern sie lehrten sie, weil sie wahr ist. Aus ihrer inneren
Wahrheit müssen die schriftlichen Überlieferungen
erklärt werden, und alle schriftlichen Überlieferungen
können ihr keine Wahrheit geben, wenn sie keine hat."[28]
Das heißt doch: Die Bibel lädt ihre Leser zu einer
Entdeckungsreise ein: „Innere Wahrheit" nennt Lessing
die dabei uns erwartenden Entdeckungen. Dass unsere
Welt einen Schöpfer hat, nicht nur ganz am Anfang,
sondern heute, wenn die Sonne scheint und es regnet
über die Guten und die Bösen. Es leuchtet ein, dass wir
ihn nicht in Begriffe fassen können oder in ein Bild, aber
er lässt sich beim Namen nennen: unser Vater im
Himmel. Er lässt mit sich reden. Über alles. Wer das
kennen lernt, ist nie mehr gänzlich im Stich gelassen. Er
kann Versagen eingestehen. Dann erlebt er, wie Vergeben selbst in schwieriger Lage Türen öffnet. Er kann
klagen, und das in verzweifelten Worten und weiß, dass
er zu jemandem redet, der selber schrie: „Mein Gott,
warum hast du mich verlassen." Für diesen Gott ist
unsere Zeit mit ihrer Gegenwart, Zukunft und Vergangenheit nicht alles; für ihn zählt ein Wort, das unser
Denken übersteigt: „Ewigkeit". Er ist für uns hör- und

sprechbereit und das, weil eines unserer gehaltvollsten Worte ihn zutreffend beschreibt: „*Gott ist Liebe.*" Deshalb kann uns auch der Tod nicht von ihm scheiden.

> Der Himmel, der kommt,
> grüßt schon die Erde, die ist,
> wenn die Liebe das Leben verändert.

So formuliert ein Choral aus dem Jahr 1971 (Evang. Gesangbuch 153,5). Wenn ich erlebe, dass es neben vielen Stimmen auch Gottes Wort an uns gibt, höre ich eine Liebeserklärung heraus.

Liebeserklärungen besitzen eine originelle Eigenschaft: Nur, wer sie sich gesagt sein lässt, nur, wer sich auf sie einlässt, erfährt, was sie sagt. Was sie zuspricht, ihre beglückende Wahrheit, stellt sich allemal nur im Vollzug heraus. Ihre Zusage ist unverfügbar, ist nur als Geschenk zu haben. Nur sie zur Kenntnis nehmen reicht nicht aus. Eine Liebeserklärung muss ich mir zusprechen lassen, muss sie mir gefallen lassen, nur so tut sie sich auf, zeigt strahlend ihr schönes Gesicht und tut, was sie ankündigt. Wo nicht, lässt sie mich allein und ohne die beglückendste Erfahrung, die ein Mensch machen kann. Sie hat noch eine Eigentümlichkeit: den Wunsch, wiederholt zu werden, ein ums andere Mal, und das jeweils in eigenen, originellen Worten oder auch Blicken oder auch zärtlichen Gebärden. Seltsam, sie verliert dabei nicht an Tiefgang. Bei miteinander alt gewordenen Liebespaaren wie dem greisen Ehepaar in Rembrandts

„Hundertguldenblatt" ist Liebe nahezu jederzeit präsent und unentbehrlich geworden.[29]

Es hat allerdings den Anschein, als ob Liebe in unseren Tagen einer Inflation anheim gefallen ist. Ihre derzeitige Münze heißt – lässt man es sich von den Medien sagen – Liebelei. Dann ist das Wort *Liebe* nicht länger ein geeignetes Gleichnis für Gottes Liebe zu seinen Menschenkindern. Die ist als Allerweltsware nicht zu haben.

Über dieses zeitgeschichtliche Phänomen, dass bedeutsame Worte unserer und der biblischen Sprache ihren Klang, ihre Valuta verlieren können, hat Dietrich Bonhoeffer in seiner Gefängniszelle (1944) intensiv nachgedacht. Einem Taufkind schreibt er als Pate: „Du wirst heute zum Christen getauft. Alle die alten großen Worte der christlichen Verkündigung werden über dir ausgesprochen ... In den überlieferten Worten und Handlungen ahnen wir etwas ganz Neues und Umwälzendes, ohne es noch fassen und aussprechen zu können ... Bis dahin wird die Sache der Christen eine stille und verborgene sein, aber es wird Menschen geben, die beten und das Gerechte tun und auf Gottes Zeit warten."[30] Da erinnert uns Bonhoeffer daran, dass sich quer durch die Jahrhunderte eine eigentümliche Geistesbewegung vollzieht: die Wirkung der Information, die wir „Gottes Wort" nennen; zuvor haben wir sie „Gottes Liebeserklärung an uns" genannt. Die Institution Kirche mit ihren Repräsentanten, die Buchdruckerkunst Johannes Gutenbergs (1400–1467) und anderes mehr macht sie sich zunutze, um Menschen aller Kulturen und Länder zu erreichen. Sie erlebt dabei Hoch-Zeiten, aber auch „religionslos" gesonnene Zeitgenossen. Angeboren ist ihr, geduldig, angespannt, auf Zukunft ausgerichtet abwarten zu können, bis wieder einmal ihre Stunde kommt. Bonhoeffer beschreibt, wie er sich in diese Wirkungsgeschichte der Wortes Gottes an uns eingeklinkt hat: „In der Fülle der Aufgaben, Fragen, Erfolge und Misserfolge, Erfahrungen und Ratlosigkeiten – dann wirft man sich Gott ganz in die Arme."[31]

Sich Gott in die Arme werfen, das geschieht am ehesten im Gebet. Der dänische Philosoph Søren Kierkegaard, der zu den anregendsten Denkern unserer Zeit gehört, und das auffallend weit gestreut bis hin zu den „religiös Unmusikalischen", hat so gebetet: „Und ob Vergessenheit mich geschieden hätte von allen anderen, und ob ich in der Masse unkenntlich wäre, ja, nicht mehr wie ein Mensch, sondern nur wie eine Ziffer in der Volkszählung: Du, Gott, kennst mich. Du hast mich nicht vergessen. Du weist mir den Weg, den ich gehen soll."[32]

Mit neuen Gedanken alt werden
Jung bleiben an uralten Gedanken

(Rose Ausländer[33])

Das jüdische Volk hat biographische Erzählungen aus der Lebensgeschichte seiner Patriarchen nicht nur sorgsam archiviert, sondern hat sie gern und absichtlich von Generation zu Generation nacherzählt. Sie sollten nicht in Vergessenheit geraten. Sie sollten allemal neu bewähren, dass die neuen, modernen Gedanken auf und aus dem Wurzelboden uralter Gedanken erwachsen, wenn sie denn zukunftsträchtig und nicht kurzlebig sein sollen. Die Geschichte des jüdischen Volkes, das jahrhundertelang ohne eigenen Staat über alle Kontinente verstreut existieren musste und dabei seine eigene Identität bewahrte, ist eine überzeugende Bestätigung für die schöpferische Kraft dieser Liebe zur Tradition.

In den Geschichten, die vom Sterben der Patriarchen erzählen, fällt zunächst ein originelles Wort auf und dann ein bemerkenswerter Akt.

Das Wort heißt: *„lebenssatt"*. „Abraham verschied und starb in gutem Greisentum, alt und lebenssatt" (1. Mose 25,8). In unseren Traueranzeigen in den Tageszeitungen liest man: „In hohem Alter verstorben". Das originelle Wort „lebenssatt" fügt dem etwas hinzu, etwas sehr

Tröstliches, nämlich: Seht doch bitte genauer hin! Da war doch nicht nur das Sterben. Da war noch etwas höchst Bemerkenswertes: ein Fazit. Es lautet: Dieses Leben hat sich gelohnt. Es war, mit all seiner Lust und all seinem Schmerz, ein wertvolles, ein lebens- und liebenswertes Leben. Der Rückblick weckt dankbare Zustimmung. Nun freilich ist's genug. Ein Mensch ist satt, „lebenssatt" geworden.

Werde ich selbst auch so denken und sprechen, wenn für mich die Sterbestunde gekommen ist?

Hält man in der bisherigen Geistesgeschichte Umschau, fällt auf: Nicht das Sterben, sondern der Tod war das jahrtausendelang faszinierende Thema. In allen Kulturen, in den Religionen, bei den Künstlern drängt sich der Tod dem Nachdenken auf. Die Pyramiden in Ägypten sind nur eines der imponierenden Zeugnisse für die Faszination, die von dem unausweichlichen Faktum und zugleich Geheimnis Tod ausging. Für die Dichter quer durch die Jahrhunderte und in unterschiedlichsten Völkern ist der Tod ein unausweichliches Thema, ergiebig, anregend wie wenig andere Themen.

Greifen wir ein Beispiel heraus: Der alt gewordene und inzwischen vom Kaiser Nero ins Abseits gedrängte römische Philosoph Seneca (4 v. Chr. – 65 n. Chr.) macht sich ans Briefe-Schreiben: „Überzeuge dich, es ist so, wie ich schreibe: manche Zeit wird uns entrissen, manche unvermerkt entzogen, manche fließt fort … Der größte

Teil des Lebens entgleitet beim Schlecht-Tun, ein großer Teil beim Nichts-Tun, das ganze Leben beim Anderes-Tun. Wen könntest du mir nennen, der der Zeit irgendeinen Preis zuschreibt, der den Tag taxiert, der einsieht, dass er täglich stirbt? Darin täuschen wir uns nämlich, dass wir den Tod vor uns sehen; zu einem großen Teil ist er schon vorbeigegangen. Alles, was von der Lebenszeit hinter uns ist, hat der Tod in Besitz … Das Leben rennt vorbei, indem man es aufschiebt. Nichts, Lucilius, ist unser eigen, nur die Zeit ist unser."[34]

Eine neue Perspektive

Seneca ist einer von vielen, denen das Nachdenken über den Tod eine *Sicht ins Leben* eröffnete. Auf dem dunklen Untergrund des Todes leuchtet das Menschenleben mit seiner Einladung, Sinnvolles, Gutes, Aufrichtendes zu gestalten, erst richtig auf. Das Prädikat „lebenssatt" beschreibt in einem Wort diese Sicht ins Leben, ehe der Tod zugreift, und zeigt zugleich dem Tod die Grenze seiner Macht an. Er kann uns ins Grab bringen, aber nicht unser gelebtes Leben auslöschen. Das ist und bleibt liebenswert und lobenswert. Ich sage dem Tod ins Gesicht: Nicht du beerbst mich, sondern der Schöpfer allen Lebens, und der hat es an den hellen und an den dunklen Tagen gut mit mir gemeint. Ihm gebe ich zurück, was ich zuvor empfangen habe und was sich so entfaltete, dass ich dabei „lebens-satt" geworden bin.

Hier, gleich nach solchem Lobpreis, drängt sich uns heute eine Wende im Denken auf, die sich ohne laute Töne durchgesetzt hat: Wir heutzutage halten nicht den Tod, sondern das Sterben für ein nachdenkenswertes Thema. Sterben ist ein Vorgang im Leben, der Tod beendet dieses eben noch atmende Menschenleben. Den oder die Sterbende können wir helfend, Anteil nehmend begleiten; in den Tod muss jeder von uns ganz und gar allein. An dieser Stelle reagieren wir heutzutage anders als die Menschheit in Jahrtausenden zuvor. Den Tod nehmen wir erzwungenermaßen in Kauf, aber dem Sterben widmen wir unsere intensive Aufmerksamkeit. Es ist beachtlich und höchst erfreulich, was sich dabei an hilfreichen Einsichten eingestellt hat. Die Hospiz-Bewegung u. a. nutzt es. Wir entdecken die Begleitung ins Sterben als eine gute, hilfreiche Einladung zu praktizierter Humanität. Hoffentlich bewahren uns solche positiven Erfahrungen vor immer häufigeren Empfehlungen, mit rasch wirkenden Mitteln zum eigengewählten Tod zu verhelfen.

Der deutlich erkennbare Wechsel unseres Interesses vom Nachdenken über den Tod, zum Erforschen der Phasen beim Sterben, zur Linderung von Schmerzen u. a. könnte jedoch *langfristig* fatale Folgen haben. Der Tod hat sich in Jahrtausenden als ein stimulierender Ratgeber für ein verantwortbar gestaltetes Menschenleben erwiesen. Seneca ist dafür nur ein Beispiel. Der Tod stellt radikale, die Wurzeln unseres Lebens aufdeckende Fragen. Noch einmal dazu Seneca: „Wir sind nur Gäste auf

Erden ... Der Tod ist nicht das Ende des Lebens, er fängt mit der Geburt an. Wer diese Lektion kann, ist frei ... Wie wird der Mensch er selbst?" Wer konfrontiert uns mit solchen radikalen Anfragen, nachdem wir den Tod, weil er unausweichlich ist, zwar hinnehmen, aber ihn nicht derart ernst nehmen, wie die Menschheit es zuvor getan hat? Das Bedenken des Faktums Tod hat Oberflächlichkeit nicht nur bei diesem oder jenem Einzelnen verhindert, sondern in Zeitaltern und Kulturen, und hat uns Menschen damit wohl getan.

Der Tod – ein Zwischenherrscher

Wer sonst als der Schöpfer allen Lebens könnte uns die zuverlässige Antwort geben, wenn wir uns fragen: Was tut der Tod uns an? Der Maler Rembrandt (1606–1669) ist einer von denen, die sich die Antwort Gottes zusprechen ließen; er hat es in einem faszinierenden Bild dargestellt.[35]

Zwei Männer, die den gewaltsamen Tod ihres Wegge-
nossen Jesus beklagen, haben unversehens einen Gesprächspartner zur Seite, der überraschend alte Texte zu
interpretieren versteht. Sie bitten ihn: „Bleib bei uns, es
wird Abend, und der Tag geht zur Neige." Sie halten das
abendliche Mahl miteinander und erleben, wie er das
Brot bricht mit einer Danksagung. Da gehen ihnen die
Augen auf: Sie erkennen ihn, den sie als Toten beklagten
(Lk 24,13–27). Indes – Rembrandt hat es begriffen oder
besser sich gesagt sein lassen: nicht als einen Re-Ani-
mierten, sondern als den in eine andere Art von Existenz
Versetzten. Ein Maler nutzt andere Ausdrucksmittel als
Worte. Rembrandt deutet mit einem blitzartigen Auf-

strahlen an: Hier vollzieht sich Verwandlung. Hier wird das Leben, das von der Geburt bis zum Tod eingebettet war in die Zeit mit ihrer Gegenwart, Zukunft und Vergangenheit, abgestreift – nicht ins Nichts, sondern ins Licht. Die beiden Emmaus-Jünger erleben diese Auferweckung an dem Mann, den sie begleitet hatten: „Wir hatten gehofft, er ist es, der Israel erlösen wird." Sie werden jetzt lernen müssen zu verstehen: „Gott war in Christus und versöhnte die Welt mit sich selbst" (2. Korinther 5,19) und nimmt dem Tod die Macht, uns von Gott und vom Leben, das nicht länger zeitgebunden, sondern ewig ist, zu trennen.

Was hier geschieht, relativiert unsere Denkkategorien. Hier ist die Zeit als uns gefangen haltende Spanne eines jeden Menschenlebens zwischen Geburt und Tod annulliert, und es wird aufgedeckt, dass wir in Ewigkeit eingebettet leben. Ein Choral formuliert: „Hier ist das Ziel, hier ist der Ort, da man *zum Leben* geht." Diese befreiende Wahrheit gibt es nicht als Schulweisheit wie das Einmaleins, sondern als Zuspruch wie eine Liebeserklärung. Wer sie sich gesagt sein lässt wie der Maler Rembrandt, empfängt, was sie sagt. Ostern wird für ihn zum Fest der Auferstehung und sein weiterer Lebenslauf ein Gang ins Licht, ein Heimweg.

Segne, Herr, was deine Hand
uns in Gnaden zugewandt

Zu dem anschaulichen Wort „lebenssatt" gesellt sich in den Erzählungen aus dem Leben der jüdischen Patriarchen ein Akt: *Segnen.* Der anschaulichste Text erzählt: Der greise Israel, der den Tod nahen sieht, küsst und herzt seine Enkel, legt ihnen die Hand aufs Haupt und spricht einen Segen aus (1. Mose 39,8–20). Der Inhalt seines Segens lässt sich in zwei Worte zusammenfassen: Gedeihen und Wachsen, so wie es die Generationen vorher in ihrem Leben erfahren haben. Dabei weiß der Segnende:

> Wir pflügen und wir streuen
> den Samen auf das Land,
> doch Wachstum und Gedeihen
> steht in des Himmels Hand.
> (Evang. Gesanbuch 508)

Der Segnende weiß noch mehr. Er spricht seinen Enkeln zu: Ihr seid Glied in einer Stafette von Generationen; ihr lebt nicht als Eintagsfliegen; ihr seid eingebettet in eine Weltgeschichte. Die nimmt euch herein in ihren Lauf, und sie lädt zugleich ein, mitzugestalten. Ihr seid passiv und aktiv beteiligt. Ihr seid begabt mit Sinnen, die euch Zugang zur Welt eröffnen; mit Verstand, sodass ihr voraussehen und planen könnt; mit Sprache, um euch zu verständigen; mit Emotionen, um euch zu erfreuen. Mehr noch: Ihr habt Anteil an einer Natur, die schier unerschöpflich reich ist, die sich von Jahr zu Jahr regeneriert, die euch alles zureicht, was ihr für ein alltägliches Leben benötigt. Euch wird nichts mangeln – es sei denn, ihr beutet aus statt zu hegen. Euer Versagen ist das Risiko, das von Jahr zu Jahr mitläuft mit dem Gang der Weltgeschichte.

Solch ein Panorama hat der Segnende vor Augen. Aber er hat dazu noch ein ureigenes Wissen, und das lässt ihn seine Worte als „Segen" aussprechen: „Es geht durch unsere Hände, kommt aber her von Gott." Das begabte Lebewesen Mensch, das Weltgeschichte bewundernswert gestaltet, bleibt angewiesen auf die liebevolle Zuwendung des Schöpfers allen Lebens.

> Was nah' ist und was ferne,
> von Gott kommt alles her.
> Der Strohhalm und die Sterne,
> der Sperling und das Meer.[36]
>
> (Matthias Claudius)

Wo das nicht übersehen, sondern gewusst wird, bitten wir: „Gott, lass dein Heil uns schauen." Ein anderes Mal sprechen wir es uns zu:

> Er gehet ungesehen
> im Dorfe um und wacht
> und rührt, die herzlich flehen,
> im Schlafe an bei Nacht.[37]

Liebe Dorothee, es ist ein langes Erzählen geworden aus der Zeit, in der ich älter und alt wurde. Es war ja auch ein ereignisreiches (fast) halbes Jahrhundert, seitdem du uns verlassen hast. Wie hättest du es erlebt und mitgestaltet? Du warst ein ungewöhnlich vitales Kind, voller übersprudelnder Lebensfreude. Ach, ich stelle mir vor, du sprichst mit, was ich jetzt anbetend ausspreche:

> Darum so woll'n wir loben
> und loben immerdar
> den großen Geber oben
> Er ist's und Er ist's gar.[38]

Wir haben es unser Leben lang mit einem segnenden, heilenden Gott zu tun. Wie gut! Noch einmal Matthias Claudius: „Dann stell' ich mir die ganze Welt als meines Vaters Haus vor und alle Menschen in Europa, Asia, Afrika und Amerika sind dann in meinen Gedanken meine Brüder und Schwestern … Dann denk' ich, wie gut es für mich wäre, wenn doch Gott all' Fehd' ein Ende machen und mich selbst regieren wollte.“[39]

Literatur- und Bildnachweis

1. Ernst Jandl: *poetische werke*, hrsg. von Klaus
                    Siblewski, Band 7 (die bearbei-
                    tung der mütze & der versteckte
                    hirte & verstreute gedichte 5),
                    München 1997, S. 142.

2. Familienbesitz (Bild): Dorothee hält die Hand des
                           Vaters.

3. Alex Funke (Bild):   Mutter Eva, in: Eva von
                        Thiele-Winkler. Reihe: Gelebtes
                        Christentum, Hamburg 1981.

4. Rose Ausländer: Im Atemhaus wohnen,
                      Frankfurt am Main 1981, S. 92.

5. Dietrich Bonhoeffer: Widerstand und Ergebung,
                         München 1952, S. 242 f.

6. H. J. Schultz (Hrsg.): Die neuen Alten,
                           Stuttgart 1986, S.174.

7. Niklas Luhmann: Die Religion der Gesellschaft,
                      Frankfurt am Main 2000, S. 14.

8. E. L. Doctorow: City of God, Köln 2001, S. 18.

9. Arbeitsgemeinschaft missionarischer Dienste (Hrsg.):
                      Vegetative Körperfunktionen;
                      in: Studienbriefe Diakonie D5,
                      Stuttgart 1982.

10. H. J. Schultz (Hrsg.): Matthias Claudius:
    Es gibt was Bess'res in der Welt,
    Stuttgart 1983, S. 109.

11. Rose Ausländer: Die Sichel mäht die Zeit zu Heu,
    Frankfurt am Main 1985, S. 282 f.

12. H. J. Schultz (Hrsg.): Einsamkeit, Stuttgart 1980, S. 82.

13. Rose Ausländer: Im Atemhaus wohnen,
    Frankfurt am Main 1981, S. 94.

14. Ebenda S. 45.

15. Ebenda S. 135.

16. H. J. Schultz (Hrsg.): Einsamkeit,
    Stuttgart 1980, S. 223.

17. H. J. Schultz (Hrsg.): Matthias Claudius:
    Es gibt was Bess'res in der Welt,
    Stuttgart 1983, S. 112.

18. Ebenda S. 113.

19. H. J. Schultz (Hrsg.): Einsamkeit,
    Stuttgart 1980, S. 200.

20. Martin Buber: Begegnung,
    Gütersloh 1978, S. 66 f.

21. Rose Ausländer: Im Atemhaus wohnen,
    Frankfurt am Main 1981, S. 88.

22. H. J. Schultz (Hrsg.): Einsamkeit,
    Stuttgart 1980, S. 226.

23. H. J. Schultz (Hrsg.): Matthias Claudius:
Es gibt was Bess'res in der Welt,
Stuttgart 1983, S. 165.

24. Ulla Hahn: Das verborgene Wort,
Stuttgart [6]2001.

25. Jürgen Habermas: Die Zukunft der menschlichen
Natur,
Frankfurt am Main 2001, S. 104.

26. H. J. Schultz (Hrsg.): Matthias Claudius:
Es gibt was Bess'res in der Welt,
Stuttgart 1983, S. 168.

27. Ebenda S. 167 f.

28. G. Ephraim Lessing: Gesammelte Werke 1. Band,
1959, S. 1035 f.

29. Rembrandt (Bild): Das Ehepaar. Ausschnitt aus :
Hundertguldenblatt.
Die große Krankenheilung,
Stuttgart 1969, Nr. 5.

30. Dietrich Bonhoeffer: Widerstand und Ergebung,
München 1952, S. 206 f.

31. Ebenda S. 249.

32. Søren Kierkegaard: Erbauliche Reden 1844,
Gütersloh [2]1992.

33. Rose Ausländer: Im Atemhaus wohnen,
Frankfurt am Main 1981, S. 115.

34. Seneca: Buch der moralischen Briefe,
zitiert aus: Die Zeit, Serie Piper,
München 1982, S. 278 f.

35. Rembrandt (Bild):   Emmaus, 1648. Cambridge,
Fitzwilliam-Museum;
abgedruckt in: Die Rembrandt-
Bilderbibel Band III,
Stuttgart 1982, S. 69.

36. H. J. Schultz (Hrsg.): Matthias Claudius:
Es gibt was Bess'res in der Welt,
Stuttgart 1983, S. 116.

37. Ebenda   S. 118.

38. Ebenda   S. 118.

39. Ebenda   S. 102 f.

Andreas Pawlas
Jesus und das Stempelkissen
Nachdenkliches,
Humorvolles,
Überraschendes
erzählt und erlebt

128 Seiten
Paperback
€ 13,90 (D)
ISBN 3-7858-0449-0

Für alle, die Kurzgeschichten mit Biss
und Humor zum Erzählen und als
Gedankenanstoß suchen, eine reiche
und spannende Fundgrube.
- kirchlich Interessierte
- Ehren- und Hauptamtliche
  in Gemeinden und Institutionen
- Gruppenleiter/innen in
  Gemeinde und Diakonie
- alle, die Humorvolles und
  Nachdenkliches aus
  dem Alltag des Pastors zu
  Hause vertiefen möchten.

Walter Schroeder
Gemeinde in der Welt
76 Seiten, Paperback
€ 9,80 (D)
ISBN 3-7858-0406-7

Pfarrer Walter Schroeder versteht es,
anhand alltäglicher Begebenheiten
christliche Einsichten auf einfache
und verständliche Weise zur Sprache
zu bringen. Auf oft unterhaltsame
Weise wird so der Leser zum Nachdenken, aber auch zum Schmunzeln
angeregt.

Alex Funke
Mit einer Alzheimer-Kranken leben
Ein Erfahrungsbericht
92 Seiten, 8 Abbildungen,
Paperback
€ 10,90 (D)
ISBN 3-7858-0400-8

2 MC

€ 19,90 * (D)
ISBN 3-7858-0419-9

Behutsam und bewegend berichtet der Autor vom
gemeinsamen Leben mit seiner an Alzheimer
erkrankten Frau. Er zeichnet den Verlauf ihrer
Krankheit von den ersten Anzeichen über die
großen Veränderungen, die sie mit sich führt, bis
ihrem Ende nach. Unter der zerstörerischen Mac
der Alzheimer-Demenz wird ein Familienalltag v
Zärtlichkeit, Zuwendung und Würde sichtbar.

* unverbindliche Preisempfehlung

Dorothee Peglau,
Kirsten und Norbert Prey
Gottesdienste im Altenheim
117 Seiten, Paperback
€ 12,90 (D)
ISBN 3-7858-0416-4

Norbert Beer
Zeit haben – aber wann?
Zum sinnvollen Zeitmanagement.
Erfahrungen und Tipps
88 Seiten, Paperback
€ 13,90 [D]
ISBN 3-7858-0451-2

Die vorliegenden „Arbeitshilfen" bieten außer Überlegungen zur Gestaltung von Gottesdiensten 21 ausgeführte Gottesdienstmodelle an, die die spezifische Lebenssituation der Besucherinnen und Besucher mit einbeziehen.

„Ich bin total gestresst", so der Seufzer einer Sechsjährigen. Viel wird über Hektik und fehlende Zeit geklagt. Humorvoll, christlich und alltagstauglich bietet dieses Buch Schritte zu Gelassenheit und Zufriedenheit. Zeit bewusst gestalten und erleben, eine Lange-Weile pausieren, den Puls der Zeit zu seinem eigenen machen: der Autor weiß Tipps und Tricks, der tickenden Unruhe zu entkommen und Lebenszeit sinnvoll zu erfahren. Gebetstexte, Erzählungen und Gedichte werden eingestreut, um dieses Thema für sich persönlich, aber auch in Gemeindegruppen fruchtbar zu machen.

Willi Everding
Zukunft hat Vergangenheit
Besondere Fest- und Gedenktage
128 Seiten, Paperback
€ 13,90 (D)
ISBN 3-7858-0439-3

Willi Everding
Von Advent bis Zuckerfest
Feste und Brauchtum im Jahreslauf
120 Seiten, Paperback
€ 10,90 (D)
ISBN 3-7858-0378-8

Dieser Band ist ein Buch zum Nachschlagen und Nachspüren. Es bietet Informationen und Lesestoff für alle, denen unser Weg aus dem „Woher?" ins „Wohin?" wichtig erscheint: LehrerInnen, ErzieherInnen, MitarbeiterInnen in der Jugendarbeit und der Erwachsenenbildung.

Dieser sowohl als Nachschlagewerk wie als Lesebuch verwendbare Band lädt ein zu einem besinnlichen Gang durch die Festzeiten des Jahres. Hinweise auf jüdische und is-lamische Feste und Bräuche regen zum Gespräch mit unterschiedlichen Kulturen unserer Gesellschaft an.

Luther-Verlag

Cansteinstraße 1
33647 Bielefeld

Telefon (05 21) 94 40-137
Telefax (05 21) 94 40-136

E-Mail: vertrieb@luther-verlag.de
www.luther-verlag.de